『金光教教典』物語

もくじ

前書き

昭和五十八年（1983）は、金光大神さまがお亡くなりになって、一世紀を経た年でした。その年、秋、教祖百年大祭が、九月二十六日から十月十六日まで、八回にわたって、ご霊地で麗しく、賑々しく執行されました。その教祖百年大祭の記念出版物として、新『金光教教典』が全教の教会に配布され、一般販売に付されたのでした。

筆者は、新『金光教教典』編纂刊行する準備のために、安田好三内局のもとで設置された典籍編修委員会に、第一回（昭和五十二年十月一日）から教学研究者として、また昭和五十六年からは金光教教学研究所長として、十八回の委員会を通して関わらせて頂き、その間、高橋一邦（岡東教会）教典編修室長などとともに、編集実務にも携わらせて頂くことができたのでした。新『金光教教典』に関わるご用は、筆者にとって、いつのまにか命にもなり、またそのご用を通じて、信心上でのお育てを頂いてきたのでした。

本「みちシリーズ」によって、新『金光教教典』に関わるご用に、筆者が紡ぎ込まれていく過程を振り返る機会を与えられたことは、この上もない喜びとするところであります。

第一章は、その喜びを味あわせてもらえるに至る幼い頃からの経緯を、縷々《るる》書きとどめておこうと思い、曽祖父佐藤範雄との出会いなど、思い出すまま、新『金光教教典』公刊に至るまでのことどもを、書き下しました。思い出すまま記しましたので、歴史的事実に忠実にとは努めましたが、相違することがあれば、ご指摘頂ければ幸甚です。

第二章は、毎年一回、行わせてもらってきた、金光教学院の特別講義を下敷きにして、書き改めたものです。講義で基づいたものは、『教祖様のご縁につながって—教会長信行会記録上—』（1982.10 本部教庁刊）に納めて頂いた「教祖様ご晩年のご信心について」という講話です。金光教学院では、上述の信行会での講話を基礎にして、年々、異なる話題を加えたり、省略したりしながら、学院生に聞いて頂きました。どの年も、主要なテーマは、金光大神さまの最後におうけになったお知らせの言葉、「身代わり」ということをどう頂くか、という問題を講義の基本に据えました。第二章の元となった原稿は、長年、金光教学院で講師としてご用されていた横山勇喜雄師（宮窪教会副教会長）が、弟の相賀正実師（用吉教会長）に『みちシリーズ』の候補として、筆者の講義の録音テープを手渡され、文字化して下さったものであります。この度、講義調の文章に手を入れ、読んでもらえるものに改めさせてもらいました。

第三章は、新『金光教教典』の英訳の過程につき、筆者が金光教国際センターに在職中（1993～1997）、取りまとめたものをベースに、この度、英語訳のことに限って書き改めたものです。フランス語、韓国語、ポルトガル語などへの翻訳作業については、割愛させてもらいました。

本書のいずれの章も、新『金光教教典』に関わって、筆者の命がおかげをうけてきたことを、「御礼」の思いを込めて、表現しようとしたものであるとともに、新『金光教教典』に関わってこられた直信、先覚、先師など多くのおかげをうけられてきた命の物語を、あまた背後に秘めて書き記したものであります。

※新『金光教教典』からの引用箇所表示は、新『金光教教典』対照表に従わせてもらいました。

※敬称については、文章の流れで、付したり、付さなかったりしています。お許し下さい。

※金光教〇〇教会、金光教教義講究所、金光教学院、金光教教学研究所、金光教国際センター、金光教ハワイセンターなどの正式名称は、金光教を省かせてもらいました。また『金光大神御覚書』は『覚書』、『お知らせ事覚帳』は『覚帳』と略させてもらいました。

※令和元年九月時点までに、お亡くなりになった人物名には、可能な限り誕生年~死亡年、役職期間を表示しておきました。

第一章　教典再編への道

一・曽祖父の思い出

幼少期

筆者は、旧満洲帝国が日本軍部の圧力で成立した年、昭和九年（1934）十二月六日、ご霊地金光で生をうけました。当時、父真喜一（1904～1994）は、学院の前身であった教義講究所の講師でありました。母は、嘉都子（1910～2000）です。私は三男ですが、長男は病気で夭折しており、事実上は次男としてお育てを頂きました。

金光摂胤さま（1880～1963）が、式子夫人を二十二歳という若さで亡くされて二年後、明治四十年（1907）、筆者の母方の祖父佐藤一夫の妹キクヨ（1886～1964）姫を、後妻として迎えられ、また、母方の祖母女子《ひめこ》（1884～1920）が、金光摂胤さまの妹であったというご縁から、筆者は幼い頃から三代金光さまのお家で、遊ばせてもらっていました。金光町立吉備小学校の一年生まで、ご霊地で過ごしました。幼い頃の記憶は、あまりはっきりと残ってはおりませんが、二、三残っていることを記しておきましょう。

三歳になった頃のことでした。大きな灰色の渦巻きが私の体を吸い込んで、高く高く舞い上げたかと思うと、急に奈落の底に落とし込むという奇妙な感じに、何度か陥ったことを感覚的に覚えております。苦しい中にも、恐ろしさと面白さが、その渦巻きのスピードに拍車をかけていたようです。母から聞いたところによると、その時、生死をさまよう、大病をしていたとのことでした。両親の必死のご祈念や、医師の治療の中、意識を取り戻したとのことでした。

教主金光平輝さまとは同年輩で、幼い頃から一緒に遊んでおりました。幼稚園に上がる前くらいのことであったでしょうか、三代金光摂胤さまのキクヨ夫人が、二人仲良く遊んでいる姿を見られて、私の母に、「平家と源氏が仲良くしている」と、声をかけて下さったそうです。平家と平輝、源義経と義次をかけられての洒落であったのでした。キクヨ夫人は、出会う人皆にとってもそうでしょうが、筆者にとって、やさしく慈愛に溢《あふ》れ、祈りに満ちたお方であり続けました。

幼稚園は、現在、本部教庁が建っている場所にあった金光幼稚園で、園長先生は西愛児先生というご婦人でした。家から幼稚園までは、子供の足で五、六分、道草をくいながらでも十分で通えるところでした。国道二号線が金光町大谷地区を二分するまでは、家（真砂教会控所）の周り一帯は田圃でした。

幼稚園のことで記憶に残っているのは、園長先生が銀杏の黄色い葉が降りしきる園庭で、紙芝居をして下さった光景です。現教主金光さまなどと、足柄山の金太郎と熊が相撲しているロゴマークを付けたお揃いのエプロンを着て、西先生の紙芝居のお話を聞きました。のどかな、のどかな、平和な日々を生かされ、生きていたのでした。

曽祖父との昼食

曽祖父の佐藤範雄（1855～1942）は、金光の佐藤本宅にしばしば滞在しておりました。佐藤家（芸備教会控所）は、現本部祭場の南側広場の辺り、旧金光中学の運動場を見下ろす場所にありました。私は、金光幼稚園に通っていましたが、園が終わって家に帰る途中に、しばしば佐藤本宅へ寄って、お昼ご飯を曽祖父と一緒に食べておりました。今から思えば、母の妊娠か、出産前後の体調が整わない時期であったか、と思います。来訪された客人何人かと、ご一緒のお昼時もありました。

曽祖父の横に私が座わり、私のご飯が済むまで、曽祖父が傍に付いていてくれました。でも、それは食事をしている間だけで、終わると「もう終わったかや。終わったら向こうへ行け」と言われ、二階へ上がって、寄宿されていた金原（佐藤）昇（1922～1991 元金光教徒新聞編集長・加法教会長）師他、二、三の金光中学校のお兄さん方の部屋で遊ばせてもらう、というようなことが、一時期、あったのを覚えています。

私は幼い頃、ちょっとしたことで、「びぃびぃ」とよく泣いていたところからか、曽祖父は、その頃、私のことを「よしつぐ」とは言ってもらえず、「びーつぐ」と呼ぶのが常でした。例えば、「びーつぐ、お神酒を頂け」と、食事前には猪口で一なめさせてもらったりしました。曽祖父は、昼食前にも少し、お酒を嗜《たしな》んでおりました。

当時のことで、印象に残っているのは、食事時、時として曽祖父の背側の窓の外から、「やーたまきー」と行商の老人が声をかけると、後ろの窓を開けられて、「上がっておいで」と、招き入れられておりました。「やーたまきー」とは、八幡巻きのことで、ごぼうなどをうなぎの蒲焼で巻いたおかずで、曽祖父は、酒のおつまみとして、よく食していたように思います。行商の老人は恐縮しながらも、裏口から、台所を通って部屋へ上り、宿老からお神酒のサービスをうけられることがありました。このことは、一回、二回のことではなかった、と記憶しております。かしこまった来客が、同席されている時もお構いないことでありました。

皇后さまのお兄さま

時を早めて、昭和十五年（1940）の春休みの時期、芸備教会に滞在していたある朝、曽祖父（八十五歳）に手を引かれ、境内の松並木のところで、広前の方から、境内を歩いて来られた背の高い紳士に、「私の曽孫の義次と申す者です」と、紹介されたことがありました。そして、幼い私に、「このお方は、皇后さまのお兄さまです」と、紹介して下さいました。どのようなお偉いお方なのか、それを聞いても、当時の筆者にはピンとくるよしもなかったのです。しかし、その光景はしかと記憶に留まっており、そのお方が曽祖父より数段スマートで、男前であった印象は、境内の大きな松の幹とともに鮮明に浮かんできます。

幼い子供を、まるで一人前であるかのごとく扱い、高貴なお方に紹介して下さった曽祖父の姿勢を、今になって思わされます。そのご姿勢があって、筆者の記憶に残ったのかもしれません。著書『信仰回顧六十五年』によると、それは、昭和十五年三月十九日か、二十日の朝のことらしく、その方の名は、木邊孝慈《きべこうじ》氏とありました。真宗木邊派の管長さまであったようです。ご出張の途次、芸備教会に一泊された時のことであったようです。

昭和十七年（1942）春、曽祖父の病は重くなり、お見舞いのため、母と芸備教会へ参拝させてもらった時のことです。私たち兄弟は、暇をもてあまし、教会の神徳書院傍にあった池にたくさん鯉がいて、鯉釣りにうつつをぬかしておりました。それを見咎《みとが》めた方に、私たち兄弟はしっかり叱られたのでした。あごひげを伸ばしたその人が、「この鯉の生き血は、君たちの曽祖父の宿老先生の命の薬なのであるから、遊びごとにしてはいけない」という意味のことを言われた、と記憶しております。「鯉の血を飲むのか」と、驚いたことでした。いよいよ最後の日々、曽祖父が床に臥せっておられた頃のことでした。後で教えてもらったのですが、「鯉の生き血云々」を教えて下さった、その方は井上健之助（真門、1879～1945　元豊岡教会長）師であったそうです。

後述するように、幼い頃、このように可愛がってもらった曽祖父を、旧『金光教教典』の編纂の姿勢、視点について、私とあろうことか、批判し、その間違いを指摘する時がこようとは、天地の親神さまはいざ知らず、曽祖父も、筆者も誰も予想だにしなかったことでした。

二．戦争の辛かった日々

転校

昭和十六年（1941）三月に、父が昭和四年（1929）から長年勤めていた教義講究所（現学院）の講師を辞して、大阪府下の佐野教会のご用に出ました。

佐野教会は、真砂教会初代、私の父方の曽祖父に当たる福嶋儀兵衛（1830～1914）の弟子、岸和田教会初代教会長藤島新造（1857～1917）師が、明治三十四年（1901）一月に、当時の佐野村に布教され、明治三十八年（1905）に設立された、古くからの教会です。長年、常在の教師が欠けていた教会でありました。今の関西空港の泉佐野市にある教会で、キリスト教の賀川豊彦の下で社会活動されていた、工藤茂吉（1891～1973　鳳教会長）師など、所縁ある近隣教会の教師たちと信者さん方が、守ってこられた教会でした。

私は、昭和十六年（1941）の八月、金光の吉備小学校から、佐野町立男子国民学校（現市立第一小学校）に転校しました。三ヵ月あまり後の十二月に、いまわしい太平洋戦争が始まりました。

顧みれば、盧溝橋事件（1937）を機に勃発した、日本と中国の日中戦争を考慮すると、私が生まれてから、小学校時代までで、日本が戦争していなかったのは、誕生から三年間だけでした。残念ながら、戦争のなかった時代の記憶は、霧か靄に包まれ、わずかに前述の「渦巻き」以外、取り出すことはできません。

真珠湾軍港の埠頭

戦争の始まった、その日の真珠湾での出来事を、ハワイセンター赴任中の筆者に教えてくれた老人がいました。アントニオというポルトガル移民の二世で、その日、ある戦艦の修理作業のため、真珠湾軍港の埠頭を仕事する艦へ向け歩いていたそうです。ハワイでは十二月七日の朝八時前のことでした。

米軍当局は、真珠湾基地レーダーで、オアフ島、百数十キロ余り海上に、何機かの機影を捕えていたのでした。しかし、たまたま当局は、前日、サンフランシスコから米国艦隊がハワイに向けて航行中との情報を得ていたらしく、その映像が日本艦隊から飛び立ったものであるとは思わず、米国艦隊の空母から飛び立った機影だと判断したのでした。それ故、ハワイの軍指令部は、ホノルルや真珠湾のあるオアフ島には、警報を発していませんでした。この事実は、筆者がハワイで出版された本によって知ったことです。

さて、アントニオはその日、朝食を済ませ、繋留《けいりゅう》されていた担当の軍艦に向かって、作業仲間とともに波止場をしゃべりながら歩いていたそうです。八時過ぎ、突然、沢山の戦闘機が現れ、爆弾投下や機銃掃射が始まりました。その瞬間、彼は、空軍の演習にしては、ずいぶん手荒いことをやるものだ、と思ったそうです。しかし、あちこちの軍艦から火柱が立ち、見る見る港全体が火の海と化し、機銃掃射の弾が、彼の周りを飛び跳ねるということで、実戦であることに気付いたのでした。見ると戦闘機には日の丸の印があり、日本の飛行機がここまで来るはずはない、と信じられないまま、彼とその仲間たちは、炎と砲弾から逃げ惑うはめとなったのでした。リリハ通りのホノルル教会では、ちょうど定例の朝の祈念が終わった時刻でありました。

アントニオと一緒に歩いていた仕事仲間は、日本軍の機銃掃射にやられ、死んだり傷ついたそうです。でも、「自分は無傷で生き残った。なぜか分かるか」と筆者に突然、問いかけました。彼は笑いながら、自問自答するかのように、「分かっている。上司の日系人が俺を愛してくれていたからだ。だから日本軍は、俺から弾をそらし、俺を殺さなかったのだ」と、思いがけない言葉を吐いたのでした。この論理の飛躍、そして…。筆者は声を失いました。改めて、戦に巻き込まれた人間の心情の複雑さ、読みづらさなど、素敵な老人との出会いで経験させられました。忘れ難いものがあります。

この真珠湾攻撃で、撃沈または損傷した艦船は二十隻を越え、死者は二千五百人近くに上ったそうです。攻撃時間はたった五十分あまり。九時四十五分には終わっていたようです。

突如、経過したこの真珠湾での五十分が、昭和二十年（1945）八月十五日まで、何百万という人々に死をもたらし、筆者と多くの親族を含め、その何十倍にも及ぶ人々に、悲しみと不幸をもたらした、悲劇の始まりとなったのでした。その始まりの五十分を、実際に経験して生き延びた老人と出会え、話し合えたという偶然の巡り合わせは、筆者にとって、次のような出来事を、リアルに思い出させるきっかけとなったのでした。

三体の胸像

昭和十六年（1941）十二月八日、戦争が始まって間もなく、筆者の通う男子ばかりの学校の校門を入った所に、子供にとってはかなり大きい三体の銅の胸像が並べて設置されました。それら胸像は、アメリカのルーズベルト、イギリスのチャーチル、そして、中国の蔣介石の三体でした。いわずもがな、いずれも敵国の頭《かしら》なのです。崇《あが》め尊んでの銅像設置ではもちろんありません。

何のために設置されたかというと、生徒の登下校に際して、三体並べられた像の顔、頭を足蹴りにするためでした。先生と上級生の係りの生徒が立っていて、蹴り方が弱いか、蹴り損なう生徒があると、「蹴り直し」、という叱咤《しった》が飛んできていました。

このような下らぬことというより、人さまの頭・顔面を蹴るという、人として決して行ってはならないことを、教育の場で、誰が実行するようにと命じたのでしょうか。蹴りつける理由を、しっかり聞かされた生徒一同は、実行する以外選択肢はなかったのです。いや、私を含めて、それがいけないことである、と少しでも疑問に思った生徒は、当時おそらく一人もいなかったでしょう。

一人でも、そのような生徒を出さないために、また、その胸像の列は校門の入り口に、足蹴りにせよ、と並んでいたのです。筆者は何回蹴ったでしょうか、一年生の三学期から、毎日二回の三倍、五年生の一学期終了まで、計算するのはよしましょう。戦争の末期は、これら胸像も姿を消しました。今から思えば、おそらく炉にとかされ、三人にとって大事な兵隊さんたちに向けられる銃弾と変身したのでしょう。

下駄の絵

母、嘉都子から、後で聞いた話ですが、戦後間もなく、芸備教会で広前ご用をしていた曽祖母の佐藤照（1861～1948）に、孫の誰かが、自分の子供にようやく下駄を買ってやることができた、と下駄を持って御礼のお取次を願いました。照は即座に、その下駄を他のものと代えてくるように言いました。それは、「この下駄には、人形の絵が印刷してある、人形といっても人さまの姿、それを足にして、何とも思わないような人には育ってもらいたくない」という訳からのことであったそうです。数年間も毎日、疑問のかけらも感じずに、人さまの頭を蹴り上げてきた、筆者の心にこの逸話は、深く、深く届けられ、忘れ難いものとなったのでした。

その頃、物資がなく、米はもちろん、何もかも配給ということになっていました。日々の料理に使う塩も不足がちだったのか、母に頼まれて、ほぼ毎朝、空の一升瓶を持って、海岸で海水を汲んで来ていました。料理の味付けに使っていたのでした。その頃、空腹でたまらず、たまたま教会広前の神前に供わっていた御《ご》神飯《しんぱん》にかじりついて、後で見咎められそうになり、「猫が来ていた」と、嘘をついたこともありました。母は、誰の仕業か分かっていたであろうに、「悪い猫やな」と、聞き逃してくれました。

過去の記憶が薄れゆく八十四歳になっても、筆者の小学生時代の出来事で、鮮明に残っている記憶は、勉強のことでも、遊びのことでもなく、戦争に関わることです。筆者の心に残る戦争の数々ある記憶の中でも、最も思い出したくもなく、忘れ去ってしまいたい、しかし鮮明に残り続け、そればかりか、怪物のように膨らんでゆく記憶は、世界大戦末期の悲惨な、身近に起きた出来事でした。前述のアントニオ爺が、あの日のパールハーバーの埠頭での出来事を、決して忘れ去ることができないように…。

海岸の出来事

それは、昭和二十年（1945）の夏休み前のこと、小生、十歳の時、場所は学校から二、三十メートル離れた、野出海岸でのことでした。ちなみに今は、その海岸は関西空港建設関連工事で、埋め立てられてしまって面影もありません。さて、その日、昼前、五、六年生の授業は突然打ち切られ、直ちに、海岸に集合するようにとの指示が出ました。私は、五年二組で、四十人ばかり級友がいたのでした。何事かと皆とともに急ぎ海岸へ向かいました。

空は青く晴れ渡っていました。海岸へ出ると、漁師さん方が、次々と沖に留まっている大きな船から傷ついた兵隊さんを、漁船で運んで来て砂浜に横たえていました。中には漁船の中で息を引き取ったのか、死体もありました。大阪湾を航行していた輸送船が、野出海岸の沖で、米国グラマン機の集中攻撃をうけた、と漁師さんが話しているのを聞きました。沖に停泊している輸送船の甲板の様子も見えておりました。

先生からの指示は、漁船の床板などで、傷ついた兵隊さんを学校の講堂に運べ、とのことでした。背中の割れた人、頭が裂けた人、顔面血だらけの人など、子供心に起きてくる恐怖や、血の臭いに催してくる吐き気など辛抱し、痛みからの悲鳴など聞こえないふりをしながら、五、六人一組になって必死に運びました。何往復したことでしょうか。間もなく広い講堂は傷ついた兵隊さんで一杯になりました。その時、講堂に漂っていた空気の淀み、臭い、色合い、苦痛からほとばしり出る声、音、二度と思い出したくないものばかりでした。戦争はいやだ、と強く、深く感じた二、三時間でした。

一段落すると、学校の午後の授業は中止となり、心に大きな、不気味な風穴ができたまま下校帰宅しました。確か、まだ夏休みまで授業のある日は残っていたのでした。休校は、夏休み前の終業式まで続きました。終業式は、何ごとも起こらなかったかのように行われました。校長からも、担任からも、あの事件についての説明など一切ありませんでした。

ラジオ、新聞など報道はもちろん、この悲劇的出来事については一切沈黙。講堂に運んだ人々はどうなったか、浜辺に横たえられた死体は、どこへ運ばれて行ったか、先生方は沈黙、私たち生徒は知るよしもありませんでした。学校は、夏休みに突入し、その間に敗戦となりました。

焼失倒壊を免れた蔵

戦争末期のことで、もう少し記しておきたいことがあります。末期には、佐野町から大阪湾を隔て対岸にある神戸・西宮、陸続きの北東の大阪・堺、南の和歌山市など、次々と空襲に遭い、焼土と化してしまっていったのでした。神戸の空襲の翌朝には、校庭に紙片などの黒い灰が、飛来し散乱したのを記憶しています。

大阪湾を越えて飛んで来た灰燼でした。どれだけの人々が、亡くなったのでしょうか、傷ついたのでしょうか。黒ずんだ新聞の紙片には、読み取れない活字が浮かんでいました。

昭和二十年（1945）三月十三日、大阪に本格的な米軍の空襲がありました。大阪教会を始め、多くの教会が焼けました。その翌日であったかどうか、父真喜一が、母に大阪教会の焼失の様子、母の叔母（白神根能勢《ねのせ》三代教会長夫人）が焼け焦げ、亡くなっていたことなど、報告していたのを覚えています。また、六月一日には、父の里である真砂教会周辺が空襲をうけ、木造の立派な広前の建物と教職舎・客殿が焼け落ちました。三日後、真砂教会の神璽、霊璽は、佐野教会の二階に、焼け跡の整理が終わるまで、しばらく遷座されました。焼け跡の整理に、伯父も父も、一時間かけて、佐野から南海電鉄で、しばらく通っておりました。

真砂教会境内の南東の隅にあった焼失倒壊を免れた蔵がありました。その蔵には、教会の祭事用具が納めてあったのでした。周辺の火災がおさまった後、教会長の輝明（1894～1980）伯父が、内部に残った品々を確かめようと、蔵の扉を開けたとたん、内が燃え上がり、収納物は完全に焼失してしまった、とのことでした。高温のまま密閉されていたところへ、酸素がいっきに供給された結果起きた、と伯父の説明でした。伯父は、ずいぶん悔しかったのか、私たち子供に何度かその話をしていました。伯父は、内部が焼けた蔵跡を整えて、そこで居住されていました。

三．これまでの価値が崩れた

『鞍馬天狗』・びんた

「特殊爆弾が広島に落ちた」というラジオ放送を覚えています。それからしばらくして、昭和二十年（1945）八月十五日、戦争が終わり、夏休みが終わると、学校も世の中も一変しました。生徒たちの心臓を凍結させた海岸の悲惨な出来事など、一切なかったかのような、不思議な時間が流れるようになりました。

教科書の文章を墨で消し去り、押し戴いて開けねばならなかった聖なる教科書を、墨で汚し、あるいはページを破り捨ててよい時代となりました。そうして挙句の果て、教科書たちはゴミ箱行きとなりました。教科書の墨塗りが終わると、授業時間に担任の先生は、『鞍馬天狗』など、いろいろ物語を読んで聞かせ、時を過ごしていました。五年生の後半から、六年生が終わるまで、勉強する授業があったのか、なかったのか、記憶していません。

戦後すぐ、佐野教会の信徒の息子さんで、兵隊帰りの若い先生が体操の教師として赴任して来ました。生徒が、一人でも指示に従わないと、組の全員を一列に並ばせて、連帯責任とかで、「びんた」を飛ばすこともありました。筆者も、当然何度か、顔面を殴られました。教会に来ると、私のことを「ぼんぼん」（坊ちゃん）と言って大事にしてくれた人でした。その先生も、戦地では、上官から同じようなひどい仕打ちを受けたのであろう、と後で思ったことでした。

戦争の最中はもちろん、終わってからも、平和がすぐ皆のもとへ届けられるとは保障なし、ということでしょう。人の心には、いつまでも戦争の残影が生き残り、その残影がその人自身や、周辺の人々に傷を付け続けることがあります。戦争はいつ終わることか、と思われます。筆者が、戦争は終わったと実感する頃、朝鮮戦争（1948）が隣国で始まったのでした。

とにもかくにも、灯火管制のない明るい夜は到来したのです。もっとも、停電とやらがしばしばありました。近くにあった軍の練習用飛行場の屋外に、天井がない囲いだけの格納庫があり、そこに放置された数機の練習用戦闘機は、子供たちの格好の遊び場となったのでした。戦闘機のコックピットのフロントの分厚いガラス破片は、擦ると何とも言えない香りがしたもので、持って帰って、鉛筆箱などにしのばせていたものです。もっとも、遊べたのは進駐軍が駐屯し、接収するまでの短い間でしたが。

原爆、空襲など地獄を経験し、生き延びることができた人々、そして教科書を墨で消し去るのが授業であった月日を生きた生徒たちは、もう八十歳を超えました。実際、戦地で戦った若者たちは、もう九十歳前後になられたでしょう。戦争の語り部としての勇気ある活動をされる人々もおられますが、戦争を経験したほとんどの人々は、戦争については忘却のかなたに追いやって置きたいと思いつつ、生きてこられたであろう、と想像します。

教科書の墨ぬりに象徴されるように、小学校一年生から五年生に至るまで学んでいたものの価値が崩壊し、教えられたことが、ほとんど間違いであったということで、民主主義という教育が、進駐軍指導で始まりました。中学校の頃は、何度かアメリカの軍人が学校を訪れ、デモクラシーについての話を、通訳付きで聞かされました。

自分たちが、これは本当だと幼い頃からかけて学んできたこと、それらの核となっていた神国日本、天照皇大神に始まる万世一系の天皇の国、日本帝国などという観念が間違いだった、ということを経験した筆者は、それ以降、あらゆることに、まずは本当かな、という疑いを持つようになりました。
今、教えてもらっていることも、何時ひっくり返されるかわからないという疑いが、筆者の心に根付くようになったのです。何を見るにしても、どのような本を読むにしても、どこかに、これは嘘ではないか、本当かという疑いが、勉強・学習の姿勢を支配するようになりました。

旧『金光教教典』

それは、信心についてでもそうでした。戦争中もずっと、佐野教会では、ご信者さんたちと家族で、朝晩のご祈念は一緒にしておりました。ご祈念が終わると、旧『金光教教典』を皆で声を出して拝読しました。私たち子供も、信者さんたちと一緒に、先唱する父か、母に合わせて、復唱したのでした。信者さんたちと一緒に声をあげました。男の信者さんたちは、次々に招集で戦地に出て行ってしまい、ご祈念時に、二、三人ご婦人が参って来られる状況でのことでした。

教会長夫妻、つまり父も母も、竹槍を持って訓練に行ったり、防空壕を掘ったりの日々の中のひと時のご祈念であり、爆撃機B29の紀伊水道への接近ともなると、小さな蝋燭《ろうそく》の火が際立たせる暗闇のお広前の中でのご祈念でありました。敗戦後も、このご祈念は変わりなく続きました。このようにして広前では、戦前戦後と変わりない毎日が重なりますと、耳での聞き覚えで、中学校に入る頃は、旧『金光教教典』はほぼ全部覚え、暗唱できるようになっていました。

旧『金光教教典』とは何か、ここで略述しておきますと、佐藤範雄が明治十五、六年（1882～1883）に、金光大神さまから聞き取った教えをもとに、「神道金光教会規約」に「遺教」として取り纏め、後に「神誡」と改名されたものと、それに加えて、明治三十三年（1900）、金光教独立の時、「神訓」と題して発表したものが、礎となっています。さらに、大正二年（1913）、教祖三十年祭記念として編集、刊行された「金光教祖御理解」（百節）が加わり、合計三編のものが、昭和三年（1928）に併せられて、『金光教教典』という書名で刊行されました。筆者が本書でいう旧『金光教教典』とは、その書物で、新『金光教教典』が編まれ、刊行される昭和五十八年（1983）まで、金光教教義の所依とされてきました。今は、これらいずれの書も、新『金光教教典』の三類の、教祖金光大神の教えに関係しての歴史的教内出版物の部に収められています。

さて、信心についての疑いは、まずは旧『金光教教典』の一節についての疑いに始まり、さらに旧『金光教教典』そのものに焦点化されていったのです。最後には、その編纂者であった、曽祖父佐藤範雄、その人に向かうことになりますが、まだ、それについて述べるには早過ぎるようです。

要するに、少年時代の戦争を通しての、苦い経験から生まれた、とりわけ確かであるということに疑問符を付すという学習姿勢が、まずもって向かったのが、身に付いていた旧『金光教教典』の冒頭の一節

神国の人に生まれて神と皇上《かみ》との大恩知らぬこと（理Ⅲ・慎誡1-1）

という第一条でした。後で詳述することになりますが、この箇条を教祖金光大神

さまから聞き取ったとする曽祖父佐藤範雄は、かつて教義講究所（現学院）の講義で、「此の神とは、天地金乃神さまの御事をいうのではない。皇祖皇宗をいうのである。皇祖とは天照大御神より伊邪那岐命、伊邪那美命二柱の御神までをいう。皇宗（皇上）とは、神武天皇以下御歴朝の陛下をいうのである」と、説いていたのでした。

これを教祖金光大神さまのご遺訓というが、本当に教祖金光大神さまがそのように教えられたのであろうか。世界大戦で、たくさんの人々を死に追いやった、あの「軍国思想」、「帝国主義」とどこがどう違うのかなど、中学生から高校生へと成長するにつれて、ご祈念時、お広前に座ると疑問が脳裏を掠《かす》めること、しばしばということになってきたのでした。

四．腹立ちからの開放

腹立てば心の鏡のくもること

いろいろなことに疑問符を付すという生きざまが、自分自身に対しても、向けられたことがあります。思春期の一現象であると見逃すこと、無視することもできるのですが、筆者の場合はそうはいかなかったのでした。

高等学校から大学受験の頃にかけて、よくよく腹が立ってしかたない時期がありました。何事につけても腹が立つのでした。小学生の頃、校門で、チャーチルなど三人の胸像を日々蹴り続けた感覚が、あたかも日常に蔓延し、生き返ったかのように、ことごとに腹を立てていたのでした。行き着く先、腹が立つのは何故か、と疑問符を付さねばおられぬ自分自身にも、腹を立てるというありさまでした。

収めようとしても収まらず、そのようなことが続いての大学受験勉強の最中に、ある夜、急に胃がひどく痛み、真夜中に気分が悪くなって、風呂場へ駆け込み血を吐いたことがありました。その時、即座に脳裏をかすめたのは、受験勉強の最中だし、もしこのことが親に知られたら、治療だ、病院だ、ということになって、受験勉強どころではなくなる。心配もかける、ということで、「何とかせねば」と、筆者は考えました。

親には言わず、受験勉強を続けるためにはどうしたらよいか、二、三日思案した末、これは、神さまに無理をお願いするしかない、という思いに至りました。それは、「腹の立たぬ男に作り直して下さい」という、たいそう無理なお願いでした。腹が立ち、いらいらすることで、胃を痛めていると、自分ではうすうすではありましたが、気付いていたからでした。そしてまた、心の状態も安定しなくなるのも気付かされていました。「神誡」七条の「腹立てば心の鏡のくもること」とあるが、その通り間違いない、と思いました。その他にも、

人が盗人《ぬすびと》じゃと言うても、乞食《こじき》じゃと言うても、腹を立ててはならぬ。盗人をしておらねばよし。乞食じゃと言うても、もらいに行かねば乞食ではなし。

神がよく見ておる。しっかり信心の帯をせよ。（理Ⅲ・金理58）
世の人があれこれと神のことを口端《くちは》にかけるのも、神のひれいじゃ。人の口には戸が閉《た》てられぬ。先を知ってはおらぬぞ。いかに世の人が顔にかかるようなことを言うても、腹を立てな。神が顔を洗うてやる。（理Ⅲ・金理96）

など、神さまが見ておられるから、どのようなことがあっても腹を立てないように、という教えの言葉は、当時の筆者の脳裏には、十分に記憶されていたことでありました。

その頃、教会のご信者の中に、やはり腹立ちの激しい老人がおられ、おかずの盛り付けや、味付けが悪いと言っては腹を立て、食卓ごとひっくり返えすなどして、奥さまが大変難儀し、そして自身も、「どうしてこんなに腹が立つのか」と、その苦しい心中を取次ぎ願われていたのを、見聞きしておりました。そうした姿を見て、これは私もおかげをうけさせてもらわねば、年寄りになってまで苦労し、また人々に苦労をかける人間にならんとも限らないと思い、一念発起したのでした。

日々のご祈念、朝晩、ご神前へ向かう時、「腹が立たんようにして下さい」と、願うようにしたのです。この願うということを続けるのは、なかなか難しいけれども、腹がきりきり痛むので、その願いを続けておりました。ひたすら続け、そのように願うことが、癖のようになるまで願い続けておりました。

受験もでき、入学もでき、そうして大学の二年生の頃、学友が筆者に、「福嶋君は、変わった男だな、君と一緒にずっとおるのだけれども、腹を立てたことがない。君は、腹が立たないのか？」などと聞かれたことがあります。自分では、腹が立たぬようになったとは、その頃、まだ思っていなかったのでした。まだまだ願い続けておりました。「腹の立たぬように、腹の立たぬように」と、あたかも、「生神金光大神さま」と、ご神号をお唱えするかのように、続けておりました。ところが、友だちにそう言われて、ふと振り返ってみますと、当分、腹を立てていないことに気付いたのでした。胃の痛みも感じないようになっており、うかつなことに、それも気付いておりませんでした。神さまが、友人の口を通して、筆者の無理な願いに、応えてやったぞ、と知らせて下さったのでした。

五．金光教学生の全国組織

神さまへの御礼

おかげをうけたら、神さまへの御礼を考えねばなりません。どういう御礼をしようかな、と思案していた頃、ご本部主催の、学生の集まりがあり、出さしてもらいました。昭和二十九年（1954）の八月の十二日から二日かけての会合で、記録によると三十名の各地（関東地区六名、京阪神地区六名、福岡地区六名、その他十二名）の学生が一堂に会しました。

高橋正雄（1901～1979）教監の「行き道としての宗教」、大淵千仭（1903～1971）布教部長の「全教一新の歩みと現段階」というお話などがありました。会合を通して筆者は、信徒会に全国組織があるように、学生主体の全国組織があれば、と感じさせられたのでした。そして、金光教の全国学生会を組織し、若い金光教の力を集め、金光教を世に出していくお手伝いをすることで、私の腹立ちを収めて下さった神さまへの御礼にさせて頂こうじゃないかと、内心、決心をいたしました。

翌年夏、八月十一日から開催された第二回学生懇談会に、筆者はメンバー抽選から漏れました。そこで、多河常樹（1912～1977）布教部長に、金光教学生の全国組織結成の願いを持っていること、懇談会に参集する学生と、その願いを協議するために、メンバーに加えて頂きたいと手紙を出し、お許しを得て、第一回に引き続き、参加させてもらいました。

当時、既存の学生会は、東京、福岡、神戸（阪神）にあり、それぞれ別個に活動していたのですが、他の教区、地域でも会を組織し、全国ネットを立ち上げるべく、「全国学生連合会準備会」を八月十二日、懇談会に参加された学生のうち、有志の方々の賛同を得て、結成することになりました。その時、合意されたことは、

一．各教会に所属する学生の調査を、昭和三十年十一月末までに行い、学校別、地域別に全国的リストを作成する。

一．地域別学生会を各教区に結成し、昭和三十一年八月までに、一応完了する。

一．各地域学生会の交流をはかり、横の連絡を密にする。

一．昭和三十一年、遅くとも立教百年の前年までに全国学生会連合会を結成する準備を終わり、結成大会を開く。

その準備会の委員長には、阪神学生会で会長として活動されていた、西村信之進（水木教会長）さんにお願いすることになりました。こうして、動き始めた、金光教の学生会活動は、大学の卒論準備学習をかなり圧迫することになりましたが、おかげをうけた神さまへの御礼としての活動でもあり、手を抜くことなく、アルバイトをしながら一生懸命させてもらいました。

大学のある神戸から、泉佐野までの帰り道、途中に、阪神学生会の拠点であった西宮教会があり、また全国学生会活動の事務拠点とさせてもらっていた大阪教会三階の中近畿教務所があり、大阪ミナミの通天閣近くと岸和田などに、二、三の家庭教師先もあったりして、あっちへ寄ったり、こっちへ寄ったりして、寄り道帰宅の日々となりました。

そのようなことで、教会へ帰るのが南海線のターミナル駅である難波を午前零時過ぎ発の終電車になることが、たびたびありました。ちなみに、泉佐野から大学文学部のキャンパスのあった阪神御影駅までは、南海、大阪の地下鉄、阪神電車など乗り継いで、早くて二時間の通学時間がかかっておりました。

ある日、母が筆者に、「一生懸命するのはいいけども、自分しかできないようなことをしていたのでは、後の者が続いていけなくなる。誰でもできるような動きでないとおかげをうけられない」と、注意してくれました。怠けるように、手を抜くように、という意味ではなく、誰もまねのできないようなことをして、それでよしとしてはいけない、という筆者が気付かなかった貴重な忠告でした。後々、組織の責任を負って動く場合の戒めとして、この母の言葉は、心に留め続けてきました。

昭和三十二年（1957）三月二十六日から二十八日にかけて、大阪教会三階、中近畿教務所会議室で、学生会準備委員会を開催。そこで、金光教学生会のあり方、金光教学生会の意義目的、準備会の今後の問題についてなど討議し、準備会を全国学生会連絡協議会へ移行し、筆者が初代の委員長として、ご用させてもらうことになりました。そうなるまでには、本部教庁布教部の先生方のさまざまなご支援や、励ましをうけたことでした。

高橋正雄師が、「団体としての助かり」を、全教的に問題とされていました。当時、何を説いておられるのか、よく理解できませんでしたが、活動を通してみて、私自身、さまざまな信心、教団に関わることを学び、よくぞお育て下さり、助けられたものよ、と御礼の気持ちでいっぱいです。まさに、団体の中での助かりを経験させてもらいました。

高橋正雄師と福田美亮師

当時の会合がどのような雰囲気であったか思い出すことどもの中、一場面だけを、紹介しておきましょう。それは、常のことながら、何かと激しい議論をした会合を終えてからの出来事であったのです。

金光で開かれた協議会委員会の時に、ちょうど、福田美亮（1898～1957）サンフランシスコ教会長が、ご本部へお参りになっているという情報を耳にしました。筆者は何度か、福田師の親友である佐藤博敏師の家（佐藤本宅）でお会いしておりましたが、皆さん会われたことがないので、是非、その先生の謦咳《けいがい》に触れたいものだ、という話になりました。

高橋正雄と福田美亮両師の当時有名な論争がありました。これは、『金光教青年』などの教内機関紙に何回か、双方のご意見が掲載（金光教青年 1935, 91号、とりつぎ 1955, 10月号、金光教青年 1957, 5月号）されたのがあります。高橋師に対して、福田師は紛れもない神徳家であり、活動家でありました。高橋師といえば、思想家、哲学者とでも言ってよいのか、例えば、「見ること見ること自分を見ること」とか、あるいは、「神は、あると言えばある。ないと言うたらない」というような、深く考える方向での、お説教をなさっておられました。

それに対して、福田師が、「そういうことだから、金光教は伸びないのだ」と、反発されました。神さまがあるじゃ、ないじゃと言ってはつまらない、と盛んに論争をしかけておられました。

福田師の高橋師への、丁寧に論を尽くした信心批判は、昭和三十二年（1957）『金光教青年』五月号に、「吾が道の本質について」というタイトルで掲載されました。「高橋正雄先生の信心が本教本来の信心と大変違っているという事は以前からいわれていた」という書き出しで始まり、注目を集めた長い論文で、当時の青年会、学生会の若い人々は読んでおりました。

この論文、最後の部分を紹介しますと、高橋師が、「教祖は何も教団を造るとしたのではない。人が助かる道を立てられたのであるから、道を立てる事が先で

その為に教団が立たなくてもかまわぬ」と、説かれるのに対して、

「そうした表現が教団に悪い影響を与える。真に教祖の道をとけば、人は助かり教会は栄えるのである。道とおかげはつきものである。おかげがうけられず教会の衰えるのは、道の説き方に間違いがあるのである。御教会や、御神徳やおかげを下等視する説き方はやめねばならぬ」

このように論を結ばれております。内容はかなり密で、当時の教内状況を知る上でも、興味深い論文で、この論文から、かえって高橋師のご信心の深い本意も見えてきます。

自由な話し合い・議論の中で

さて、このような両師の論議を、教内雑誌などで触れていた協議会の学生たちは、福田師の本物に会える、と先生の宿泊先に、才田孝夫（福岡学生会）、西村（小田原）京子（阪神学生会）両名がお伺いに行ったところ、「君たちが、こちらへ来るより、

私が一人行けばすむ」と言われ、会合の場へ来て頂くことになりました。そうして、いろいろと福田先生のお話しを聞かせてもらいました。

その話の中で、福田先生は、「ご信心、ご祈念が強ければ、ご大祭の日に、雨が降るというようなことはない。ご本部のご大祭に雨が降るではないか。サンフランシスコ教会のご大祭に、雨を降らせたことがない。それだけご祈念をするのである」というようなことを、お話になりました。

そのお話に対して、大方のものは、「なるほど。すばらしい。ご信心とはそのような力があるのかな」と、感心して聞いておりました。当時、東京学生会の会員で森石（坂本）忠次（岡山大学教授、関西福祉大学教授など歴任　1933～2011）氏も同席していました。彼は、突如、次のような質問を福田師に向けました。

「福田先生、サンフランシスコの年間の降雨量は、どのくらいでしょうか」と、降雨量の質問をしたのでした。桑港《サンフランシスコ》は、暖流と寒流がぶつかる地にあって、霧は深いのですが、雨は雨季、一月に少々降る程度です。だから、ご祈念してもせんでも、春秋のご大祭には降らないということを、賢明な彼は知って質問したのでした。福田師は、瞬時、鳩が豆鉄砲を食ったような顔をなさいました。福田師のような大先生を前にしても、そのように、何事にも物怖じしない、そして自由な論争ができる雰囲気が学生会にはあったのでした。福田先生が、その質問に対して、どう物申されたかは、残念ながら覚えておりません。

また、ずいぶんと飲みました。会合がある度に飲む。飲んでどうするかというと、信心のこと、教団のことなど話し合う。飲んで話し合うということで、お互いの絆と、信心に関わる負うべき課題確認を深めたということです。

大学を出たら、旧『金光教教典』が金光大神さまの教えに基づいているのかどうか、調べてみよう、という気持ちを一層強くしたのも、こうした学生同士の論議を通してでありました。今、顧みると、その課題が、筆者を大学院へと進むことなく、金光教学院から、シカゴ大学神学部、そして教学研究所へと、知らず知らずに向かわせたように思えてなりません。

六．旧『金光教教典』への疑念

敗戦を経験して、自分たちが、学んできたこと、とりわけ核となっていた「神国日本、天照皇大神に始まる万世一系の天皇の国」という観念が、間違いであったということを知らされた筆者が、以後、教えてもらっていることも、何時、ひっくり返されるかわからないという疑いを、心に根付かせるようになった、という趣旨のことを書きました。

その疑念が、教会のお広前で習い覚え込んだ、旧『金光教教典』に向くようになりました。覚えてしまった旧『金光教教典』を、一度、振り払いたい。体の中から振り払いたい、きれいさっぱりとしたい、とまで思うようになり、とりわけ、「神国の人に生まれて神と皇上との大恩を知らぬこと」という、この一条だけは、許せないものとして意識するようになりました。何故、この変な一節が冒頭にあるのか、本当に金光大神さまが説かれたことであるのか、この一節を土台にして、金光教の信心が構築されてきたのであろうか、などなど疑惑は広がっていくばかりでした。

戦争の悲惨さ、理不尽さを、子供ながらに体験した筆者にとって、この一条が旧『金光教教典』の冒頭に置かれているのは何故なのか、という問いは、学生時代を通して膨れ上がるばかりでした。

学生会活動の中で、旧『金光教教典』は本教教義の基づくところであり、神聖不可侵の書である、という教内の雰囲気も察知しておりました。そして、この旧『金光教教典』が、何と、あのやさしく、かわいがってくれた曾祖父が、ほぼ一人で編纂したことも知ることができました。抱えもった疑念は、容易に解ける状況ではなく、筆者の大切な曾祖父に筆者の疑い、批判が向けられるのも、もはや時間の問題となりつつあったのです。

神戸大学哲学科の指導教官で、ヘーゲル哲学の専門家であった、武市健人（1901～1986）教授から、神戸大学に文学部の大学院ができるので、待機したらどうであろうか、という勧めをうけ、学部卒業後、それができるのを待っていたのですが、しかし、文部省の認可が延びて、待ち切れず、昭和三十四年（1959）の本教立教百年、つまり金光大神さまが、農業を止め、神の差し向けとしての取次ご用に専念されるようになって、百年目の記念すべき年に、金光教学院に行き、金光教教師になるべく研鑽を積むことにしました。筆者の場合、求道心厚く、ということでなく、積年の旧『金光教教典』についての課題を明らめるには、教師の任命をうけるのが早道、ということからでした。

両親は、一度も私に教師になれ、と求めてきたことはありませんでした。また、「ご祈念をしなさい」など、信心に関わっては、強制的なことは一切、幼い頃から聞いたことはありませんでした。筆者の父も母も、親などからの信心の強要は、経験したことはないようでした。幼い時期は、一緒にご祈念したり、お広前に参拝したりはしてきましたが、筆者も子供たちに対しては同じ姿勢で求めず、強要せず過ごしてきています。父側、母側含め、わが家の古くからの伝統のようです。

七．学院、そして留学

当時、高橋正雄師が学院長で、学院長の授業は、ご伝記『金光大神』（昭和28年1953刊行）がテキストでした。先生は、授業ではいろいろな質問、問題を学院生に提示され、なかなか頁が前へ進まなかったのを、記憶しています。

学院生活の途中でアメリカ留学が決まったので、筆者は学院の一年を満足に行っておりません。学院卒業に必要な試験は、昭和三十五年（1960）の三月頃であったか、まとめて学院でうけました。

シカゴ大学留学が決まってから、昭和三十五年（1960）八月に東京出張所（現東京センター）の準職員のようなかたちで、学院に在籍しながら、東京で教務や英会話を習いました。東京出張所では、畑斎（1923～2002　三代東京教会長）所長、安田好三（1974～1984　小田原教会長・金光教教監）次長などから、教務教政などの手ほどきをうけました。その間、中野教会に寄宿し、河合みち（1899～1980）先生に何かとお世話になりました。

　留学先のシカゴ大学の神学部大学院の一つのミッドビル神学校（Meadville Lombard Theological School, from 1844）は、キリスト教のユニテリアン教団の牧師養成機関です。そこに金光教の学生が留学するについては、ユニテリアン教団が加盟している国際自由宗教連盟（IARF）という組織があって、その理事に、前述の東京大学宗教学の岸本英夫（1903～1964）教授がおられた関係からです。岸本教授が、上記神学校に、金光教からの留学生をうけ入れるよう推奨された、とのことです。

　ハーバード大学で四年間留学され、戦後、東京大学の助教授になられた岸本先生は、GHQの宗教関係政策について、宗教学者としての助言を依頼されていたのでした。各宗教団体の戦争中の諸活動についてのGHQの事情聴取に立ち会われていました。戦時中、教団として国家にどのようなことをしていたか、というマッカーサー当局の調査に応じる、金光教の正直で実意な姿勢に、先生は感銘をうけられたのでした。それ以来、金光教に興味をもたれるようになり、晩年、宗教学の立場から、金光教の「御取次成就信心生活活動」を研究されたのでした。

当時は、布教部長が佐藤博敏（1902～1957）師で、師も昭和三十三年（1958）シカゴで開催された上記宗教連盟の大会に、唯一日本宗教の代表として出席されたこともあり、当局内で留学生派遣の具体化に尽力された、と後で知りました。

後に、金光教教監になられた東京出張所安田好三（1921～1988）次長は、筆者の東京での研修中、教務のことはもちろん、外国での行動について、いろいろなことを指導して下さいました。

街を一緒に歩いていて、数ブロック過ぎた時、「福嶋君、ここまでに、喫茶店は、何軒あったか」などと、急遽質問されることなど、しばしばありました。喫茶店ならまだよいのですが、看板の字とか、ビルの階数など、何を質問されるかわからず、先生と歩く時は、いつも緊張の解ける時がなかったのを覚えております。うかうかと外国で道を歩いていては、大変な目に遭うということを、私に知らせるためであったのでした。

安田師に連れられて東京大学を訪れ、岸本教授に留学決定の報告に行ったことがありました。身体の大きな威厳のある先生でした。その時、岸本教授は、筆者に、「金光教から派遣されたなどと思い、張り切らないで、生きて帰って来さえすればよい、として行きなさい」と言って下さいました。それで、ずいぶん留学について気が楽になったことは、忘れません。

留学決定されて間もなく、当該神学校が組織として包括されている、シカゴ大学のディビニティ・スクール（神学部）から、思いもつかないことでしたが、試験用紙というか調査用紙が、筆者の所に送られて来ました。かなり紙量の多いものでした。一つひとつ、質問に回答を記入して、送り返すことになっていました。筆者は、この時とばかりに中近畿学生会の英語の得意な友人、二、三人に集まってもらい、手伝いを得て、無事提出することができました。

外の世界を見る絶好のチャンスだと喜び勇んで、神戸港から大阪商船の「あるぜんちな丸」という南米移民船に乗りました。学生会の友人たち、教会の先生方や、中・西近畿教務所の先生方、両親、教会の信者さん方など大勢、メリケン埠頭で見送って下さいました。寄港地の横浜港では、畑斎先生を筆頭に東京出張所の先生方の見送りをうけました。

二週間足らずの船旅でしたでしょうか、南米各地へ移住される人々と語り合ったり、ゲームをしたりして、北米大陸ロスの港へ着きました。ロスアンゼルスの港には、露木太一（1913～1985　ロスアンゼルス教会長）師と、後藤勲（1899～1987　ガーデナ教会長）師が出迎えて下さいました。一週間あまりロスアンゼルスに滞在して、サンフランシスコ、サンノゼ、サクラメント、ポートランド、シアトルの各教会への参拝後、松井文雄（1921～1989　シアトル教会長）先生に送って頂き、シアトル・タコマ空港から、シカゴへ飛びました。初めて搭乗する飛行機は、プロペラ機で、四、五時間のフライトで、シカゴ・オヘア空港に着きました。

入学手続きを終えると、九月には神学部のスイフト・ホールで、新入生対象のオリエンテーションが続きました。神学部の教授団によって、神学部の歴史、今日のアメリカでのキリスト教の動向、神学の傾向などの解説がありました。その中で得た知識ですが、有名なジョン・D・ロックフェラーが、一八九〇年、シカゴ大学を建設すべく、一億ドルを寄贈するに当たって、その教育機構に参加するようバステスト派、組合教会、デサイプル派、ユニテリアン派の各神学校に声をかけ、大学構内に、世界でも類のない大きな神学布教研究および、教育センターを構成することになったとのことです。一九四三年、シカゴ大学に、キリスト教各宗派の連合体としての統合された神学部ができたとのことでした。

一週間にわたるオリエンテーションの期間中、昼食は学校当局側も新入生とテーブルをともにし、これからの大学院生活のことなどについて語り合うのでした。最初の昼食会の時のこと、筆者の側に座った黒人に、どこの国から来たか、何を研究しているのかなどと問いを発したら、彼は何と神学部の教授で、チャールズ・H・ロング博士ということがわかり、赤面したことがありました。

二学期であったか、このロング博士に提出した、金光教祖の宗教的生活態度についての論文に、「-A」という学友もうらやむ高得点をもらったことは忘れがたいことです。ちなみに数年後、荒木美智雄（1938～2008　学生会OB　関西大学福祉大学学長）さんも、ロング博士の指導を受けたそうです。博士は、昭和六十二年（1987）来日、金光教本部を訪ねて来られ、教学研究所で荒木さんとともに、再会を喜び合うことができました。

さて、授業では言葉の理解に苦労しました。大変な読書量を要求されました。一週間に一冊や二冊の本ではなかったです。電子辞書のない時代で、辞書を片手に、何冊もの本に目を通さないと授業についていけない、―まさに大変そのものでした。ディスカッションが重視されていて、議論しながらお互いに学んでいくというのが基調にありました。発言するどころか、相手が何を言っているかわからないあり様でした。

教会参拝

始まって一、二週間かして、緊張のあまりか、カルチャーショックか、ついにノイローゼ気味になり、当時、シカゴには金光教の教会もなく、ご祈念場所を求めて、寮の近くのキリスト教の教会に、毎日足を運ぶことになりました。ここが、金光教のお広前であったら、お取次頂けるのに、と満たされぬ気持ちをもちながらの教会堂参拝でありました。ある日、教会堂でご祈念させてもらっていると、祭壇の十字架を白布のようなものが隠して、そこに黒々と書かれた「天地書附」を見せて頂きました。

幻である、と他人から言われようが、「天地書附」を見せて下さって、ここも天地金乃神さまの広前であるということを気付かせてもらい、一層、参拝を重ね、次第に力が湧いて、ごく短期間のあいだに、ノイローゼ状態から回復するというおかげを頂きました。

そこの教会の牧師さんが、私が毎日お参りしていたのに気付かれたようで、ある日、「今度の日曜日に、教会で説教してくれませんか」と言われるから、私は神学校の留学生ではあるけれども、実は金光教の者であると答え、それまでの経過を話しました。すると、「十字架に、あなたの信じるものを見て、気持ちも回復して元気になった、それを話して下さい」と強いて請われて、牧師さんのローブを借りて着て、高い位置にある説教壇に立ってお話しました。金光教のことなどについても、聞いてもらうことができました。

祈っていれば、神さまに出会うというのは事実。本当にとんでもない時、場所に、出会うことができます。必ずしも、金光教のお広前で出会えるとも限らない。他宗の教会、会堂、あるいは神社にいる場合でも、わが心のありよう次第、出会えるのです。金光大神さまが、「たとえ畑で肥をかけていても、道を歩いていても、天地の神の広前は世界中である。」（理Ⅱ・松太3）と教えられた通りです。

留学当初のことを思い返せば、筆者の苦しさの中で、ありがたいことに、神さまもともに苦しんで下さっていて、ともに歩もうと突如、次の道を十字架の会堂で「天地書附」をもって、励まして下さったのでしょう。その経験がその後の筆者の力になっていきました。

聖典編纂の歴史

大学でいろいろある宗教、宗教学関係の授業の中で、『金光教教典』問題に何かの示唆を受けたい、と選んだ授業が、二、三ありました。キリスト教の聖書を始め、種々の宗教聖典が、一体どのように編集され、今日に至ったのか、ヘブライ語からの他言語への翻訳の経緯など、主にバイブルなど聖典編纂の歴史に関わる授業です。大学神学部には、聖書に関わる授業が当時、三十コース以上もあり、十人の専任の教授がおられたようです。寮友に相談して選び、主としてバイブル、コーランなどの聖典編纂の歴史に関わる授業を受けることができました。

授業をうけていくにつれ、金光教も、より充実した内容のある『金光教教典』を編纂し直さなければ、と思いがいよいよ強くなっていきました。旧『金光教教典』には、箇条書きの教えが主流を占め、み教がとかく命令口調に傾くのです。教祖金光大神さまは、本当にそういう言葉で語られたのかどうかを思うにつけても、何としても教祖金光大神さまのありのままの、お取次のお言葉に近いものを求め、編纂し直さなければ、と考えさせられたのでした。

さらに、聖典の多くは、複数の弟子たちが、それぞれの立場で記憶をたどり、知恵を出し合って記録されていったもので、旧『金光教教典』のように、編者はほぼ一人、つまり佐藤範雄一人という聖典はあり得ないのでした。編者一人となると、個人としての信仰、思想、姿勢などが、編集の過程に組み込まれてしまうことになります。金光教として独立することを願って、国学の研鑽に励んだ曽祖父の考え方、視点が、もし、教祖金光大神さまのみ教えの言葉を偏らせ、彩ることになって伝わっているとしたら、問題である、とも思いました。

このように、帰国後、取り組むべきことが、次第に明確になっていくのを覚えるようになり、それだけ、授業をうける姿勢も積極的になっていったのでした。

増谷文雄博士の通訳ご用

留学一年を終える頃には、言葉が大体理解できるようになっていました。ミッドビルスクールのサザランド学長からも、さらに一年の留学延長を勧められておりました。ところが、本部総務部長の小野敏夫（1907～1976）師から手紙が来て、「留学延長せず、予定した一年の留学期間を終えたら、スイス回りで日本に帰って来なさい。スイスで東京外国語大学の増谷文雄（1902～1987）教授が講演をされることになっている、その通訳を探しておられるから、ご用しなさい」と、書いてこられました。

昭和三十六年（1961）の夏、スイスのダボスで、前記した国際自由宗教連盟（IARF）の会合（八月八日～十三日）があって、そこで仏教学の増谷文雄博士が講演されることになっていたのです。筆者は、仏教学を学んだことがなく、その先生がどれほどのお方なのかも、その時点では知りませんでした。でも、ご本部からのご命ですので、不安いっぱいのまま承諾いたしました。

アリゾナ州のフィニックスまで帰るという寮友の車に便乗させてもらい、シカゴを六月末に離れ、フィニックスからは長距離バス (Greyhound Lines) で、ロスアンゼルスまでという、計三泊四日の長旅を楽しませてもらいました。アメリカの広大さを実感し、そして、このような国と戦争する気になった日本の軍人たちの、また政治家たちの心の内へ思いを馳せながらの旅ともなりました。

南カリフォルニアの各教会への御礼参拝を終え、ロスからスカンジナビア航空の北極回り便で、デンマークのコペンハーゲンで乗り換え、チューリッヒ空港に降り立ちました。ダボスに列車で向かい、増谷文雄教授とはダボスのホテルで会うことができました。

教授は、不安がる筆者に、「仏教のいろんな言葉が出てくるが、私の言った通りに通訳しようと思わなくてもよい。私が話す中から、君が感じたこと、キャッチしたことを英語で話しなさい。専門用語は訳さなくてもいい。煩悩ならボンノウと言えばいい」と、やさしく励まして下さいました。助かりました。約三十分の講演の通訳でした。あまりにもの緊張のためか、仏典の結集の歴史が中心であったと記憶していますが、詳細については、まったく残っていません。

会期中、教授のお供をさせて頂くことができました。やさしい、腰の低いお方でありました。何とか、難しい場面を、神さまのお支えによって乗り越えることができたのでした。増谷先生とジュネーブでの別れ際に、先生ご自身で百貨店に行かれて、筆者の銘を入れたモンブランの万年筆を求めて来て下さいました。感激しました。

今でも、あの時何を通訳したのか思い出せず、その万年筆を使うたびに、自身恥ずかしく思うことしきりです。なお、ＩＡＲＦの理事であられた東大の岸本英夫先生が、東京出張所長畑先生へ増谷先生の通訳を、シカゴにいる福嶋にと指名依頼されたそうで、後で知らされ、恐縮したことしきりでした。

さらに付言すると、増谷教授と金光教との関係は、昭和二十三年（1948）八月一日から三日間、本部で開催された、第一回宗教情操教育講座に講師の一員として、また、筆者が通訳をさせてもらった翌年、昭和三十七年（1962）十二月一日から三日かけて開催された、教学研究所第十八回総会講師として、講演に臨んで下さっております。その時のご講題は、「聖典の成立過程」でした。ダボスのお話と関連するものであったかもわかりません。筆者は、残念ながらその節、お会いすることは叶いませんでした。

帰国した昭和三十六年（1961）、秋のこと、真砂教会の福嶋輝明伯父が、高宮教会（彦根市）の堤威智子と縁談を勧められ、種々な困難な状況に出遭う中にも、翌年の十二月五日、真砂教会でささやかに挙式のおかげを頂きました。その後、教典編纂のことが気になりながらも、神さまから贈られてくるご時節を、待機しておりました。

ご神米の調整室

昭和三十八年（1963）九月から、十二月までの短い期間でしたが、ご本部のご命をうけ、内掌部のご神米の調整室でご用させてもらいました。そこですることと言えば、机に積まれたご洗米の山から、割れたもの、ヒビの入ったものなどを選り分けて、一粒ずつご神米に使えるお米を選び出していく、かなり辛抱のいる作業でした。

『金光教教典』編纂に関わるご用をしたいという、その頃の筆者の願いとは、ほど遠いご用であって、当時、留学帰りの傲慢《ほうまん》さから、次第に頭へきて、携帯ラジオをご神米調整の部屋に持ち込み、ストレス解消、不満解消に音楽を聴いたり、野球放送を聞きながら、お米と格闘しておりました。

そのようなある日、金光鑑太郎（1910〜1991）内掌部長が、音楽を聴きながらご用している私の部屋をそっと覗いて、「ご神米、調整させて頂いとるんですよ」と、叱るでもなく、諭すでもなく、呟くように言って離れて行かれました。怒られるより怖かったことは言うまでもありません。不平不満の心を改めたことはもちろんです。

神さまは、日々、お米、一粒一粒と対面し、醜い心を浮かび上がらせて下さるご用を、短期間ではあったにせよ経過させずに、私を教典編纂のご用に立たせることはできなかったのです。留学帰りの高ぶった心のままでは、大切なご用は無理、ということであったのでしょう。神さまのなさることには、まことに寸分も無駄はないのです。筆者は言うに及ばず、多くの人間はそれに気付かず、しばしば神さまのなさることに対し、不平不満に陥ってしまうのです。

八．教学研究所入所

筆者が早々に、内掌部ご神米調整室から、教学研究所のご用に移ったについては、北米教務所長に就任されたばかりの松井文雄師が、昭和三十八年（1963）十月、本部大祭に参って来られた際、本部当局に筆者のことで何らかの提言をして下さったことがあってのことでした。その年十二月に、教学研究所の研究生のお許しを頂いたのでした。振り返ると、それは、教典編纂ご用への一歩を歩み出だしてよい、との神さまのお計らいであったのでした。

『金光教教典』の再編の必要性は、すでに述べたところですが、旧『金光教教典』編修を行った、曽祖父佐藤範雄の「国学」思想の問題の他に、金光大神没後の時間経過の問題も絡んできます。

『聖書』、バイブルはキリスト没後、百年以上経ってようやく編纂され始め出したところから、歴史的事実はさまざまな物語や、古くからの伝説などに覆われ、他言語に移され、他の文化伝統に受け入れられるにつれて、物語性はふくらみを増し、歴史的事実確認が、困難を極めていくことになっていったのでした。イエスは人の子なのか、神の子なのかという論争を始めとして、復活はしたのか、しなかったのか、イエスの教えの核心も多重化し、どの核心がイエスのものなのか、信仰解釈をめぐって対立、弾圧、抗争を生み出し、魔女狩り、異端審問などの悲劇も、時の経過につれ、頻発していくことになりました。

金光教はというと、明治十六年(1883)に教祖金光大神さまがお亡くなりになって、まだ百年も経っていなかったのです。それなのに、御霊信仰、おかげ信心、取次信仰、親神中心か生神金光大神中心かなど、信心の核が、多重化してきつつあることは否めないことでありました。

基づくべき信心・教義の原点が、教団として見定められないと、例えば、高橋正雄師と福田美亮師との信心観の差や、修行理念の差が、異端論争へとエスカレートしないとは限りません。基づくべきしっかりした書物が見定められていないと、百年、二百年、あるいは三百年という歴史の経過は、金光大神さまの面影・全体像を曖昧にしてしまいます。人から人へと口伝されていく場合、歴史事実をそのままに保持し、伝承する困難さは、計り知れないものがあります。

キリスト教でも、その始原としての歴史事実は、かなり闇に包まれたとはいえ、書き残された聖書がなかったら、その信仰は今どうなっていることでしょう。その意味から、歴史事実から可能な限り離れない、信仰の源泉となる書物さえあれば、教祖に帰るということが可能になります。

極端な話、例え、厳しい歴史状況が訪れ、教団や教会がなくなることを余儀なくされても、時を経て状況が変わり、基づく書物があれば、金光大神さまの教えは、生き返り、助かりの力を蘇らす時を迎えることになるでしょう。金光教は、教祖没後百年を経ておらず、キリスト教などより、歴史事実に近い『金光教教典』の編纂に、時間的に間に合う、という強い思いをもって、教学研究所に入らせて頂くことができました。

昭和三十八年（1963）に教学研究所に入って間もなく、教学研究所長の内田守昌（1925～1994）師の下で、教学研究所に保管されていた、旧『金光教教典』や、御伝記『金光大神』編纂時の資料などを、精査、吟味する作業にかからせて頂きました。教祖伝を編纂するために、早くは明治二十一年（1888）くらいから、直信先覚からの資料集めの作業や、明治四十年（1907）代、佐藤範雄の命をうけて、若い高橋正雄師が直信たちから聞き取り、書き留めたノートなど、蓄積されてきた原資料や、筆写された資料などがありました。

しかし、教学研究所で保管されていたそうした資料は、明治時代に集められた教祖関係資料全部があるのではなくて、ごく一部であろう、と先輩研究者から教えられました。ほどんどの資料は、旧『金光教教典』の編纂終了後に、「宿老が焼却された」という話が、教学研究所内で伝わっていました。教学研究所に残された資料の大半は、佐藤範雄師の許でご用に当たっていた人々が、密かに写し取った資料である、と教えられたのでした。

筆者は、その事実を是非確かめてみなければならない、と思いました。芸備教会へ参りまして、祖父佐藤一夫芸備教会長に、まず「教典の再編纂を考えてみたい。どのように思われますか」と、意見を求めました。その時、「信心の浅い者が、そういう大それたこと（恐れ多いこと）をしてはいけない」と、一喝されました。それともう一つの質問、それは、佐藤範雄のもとで集めた金光大神に関する諸資料は、旧『金光教教典』刊行後、佐藤範雄が焼き払った、という噂の真相についてでありました。「旧『金光教教典』の基となった原資料類は、焼かずに神徳書院に納められているのではないか」と、質問したのです。それについては、イエスもノーもなく、相手にしてもらえず、「知らん」の一言で、会話にも何にもならなかったということがありました。

そのような問答の後しばらく、どうすべきか筆者は逡巡しておりました。しかし、逡巡すればするほど、逆に筆者を急ぎ立てるものが感じさせられ、曽祖父が、初め金光大神のみ教を記録し始めた頃は、信心は深かったか、そうでもなかろうと居直り、「信心の浅い者」と言われながらも、急き立てる力に忠実であるべきである、と開き直って教典再編纂の願いを、一層強くし、研究作業を進めたのでした。

九．ある講演―曽祖父批判

昭和四十六年（1971）の夏のことでした。教内にはまだ、『金光教教典』再編への願いなど、公に表明されておらず、厳然として立教神伝（1941）、天地書附（1954）、を巻頭に加えた旧『金光教教典』が、冒すことのできない、金光教の教義の所依とされていた頃のことです。金光教学生会の第十六回全国学生大会が、八月十日から十二日にかけて開催されました。その講師を依頼され、「教団形成期の問題――歴史の責めを負うこととして」と題して、参集した学生さんを対象にお話いたしました。

その講話内容の主要な部分を以下、略述し紹介させてもらいます。

初めに、私自身の姿勢を述べた部分を、引用しておきます。

「教団形成期の問題を指摘するのには、佐藤範雄師のなさり方を批判検討しないではおけないわけです。私にとっては、自分の曽祖父を批判するということになります。

　これは、はっきりしておかなくてはならないだろうと、自分でも思うのですが、自分の肉親あるいは自分の系譜の者を批判し、根本からその生き方を吟味し、ことによると覆すということは、なかなかでき難いものであります。家の桎梏《しっこく》があったり、しがらみがあったり、血のつながりや情愛というものがあったりします。曽祖父が生きたから私があるので、その意味ではどこに腰を落ち着けて批判するか、吟味するか、大変苦しいことになるわけです。

　曽祖父は、あるいは祖父は、さらには父は根本的に間違っていたのだ、ということを認め、表現していくのは、これは誰にとりましても、大変なことなのですが、私自身としては、あれこれ悩んだり、苦しんだりした結果、批判したって、根本的にくつがえしたって、怒るような曽祖父ではなかろう。生前、それなりに、しっかりした信仰をもっていたのだし、信心を求め抜かれていたのだから、たとえ霊さまの世界にいかれたとしても、信心を求めていかれる限りは、どんなことを私が言ったって、このお道のことを考えてものを言うことについては、聞き請けてくれるだろう。かえって喜んでもらえるだろうと、私は思わざるを得なくなって、それでまあ、間違ったところは、そうとしてやり玉にあげようと決心がついたということなので」

このような自身の姿勢を述べて後、まず、金光大神さまのお上（政治）と時流に対する、信心に基づくご姿勢を、紹介させてもらいました。そして、明治政府の宗教政策を示し、それに続き、佐藤範雄の旧『金光教教典』の編纂姿勢批判に移ったのです。

範雄は、明治九年（1876）二十一歳の時に、教祖金光大神さまに会われたのです。その後、この道を公に宣布できる手だてを講じなければならない、と思案したのでした。そこで、明治十五年（1882）の夏に神道事務支局の広島の副長であった長岡宜という人を介して、鞆《とも》の津（現福山市）の祇園宮の宮司、吉岡徳明《よしおかのりあき》という人を訪ねて、教団組織の方途を、いろいろと相談に行きました。その時に、吉岡氏は、それについては、教えを箇条書きにしたもの、つまり、「信条」というものが、教団組織の上には必要なことであると言われ、教祖金光大神さまから、教団公認のために、あえて「信条」を聞き出すべく、「金光様おわする間は、仰せのとおりで結構でありますが、お隠れの後は何か、書いた物がありませぬと、世のはやり神と同じように思われます」と、教祖金光大神さまに進言され、許しを得られて、教団組織に必要な「信条」のもとになる教えを、教祖金光大神さまから直接聞き出されたのです。それが旧『金光教教典』の「神誡」、「神訓」になっていったのです。

問題にしたいのは、教祖金光大神から教えを聞き取った、当時の佐藤範雄の思想的バックグランドです。そこには、明治政府を、国家神道政策樹立へと方向付けた、津和野藩の大国隆正《おおくにたかまさ》の国学思想があったのです。大国隆正は、明治政府が出した神仏分離令、排仏毀釈などの政策を支える実践論理を説いた人でした。

教祖の教えも、そうした教養の素地で聞くと、その色で聞き取り、解釈し記録することになり、国学思想に影響されたものとして、旧『金光教教典』が編まれていくことになっていったとして、今としては、改めての教祖金光大神さまの教えの編纂が必要である、と説いたのでした。

教祖の教えでは考えられない国学思想が、象徴的に顕れた旧『金光教教典』の「神誡」の第一箇条に「神国の人に生まれて神と皇上との大恩を知らぬこと」についての佐藤範雄の教義講究所（現学院）での講義録があります。

この第一条について、「此箇条は…外国に対しての御神誡ではない。我国に対しての御神誡であるから、天皇陛下の御威光が広くなって来たならば、この神誡も広くなる」と、神誡を「神国日本」のものであるとして、「神と皇上との大恩」については、「此の神とは、天地金乃神さまの御事をいうのではない。皇祖皇宗をいうのである。皇祖とは天照大御神より伊邪那岐命、伊邪那美命二柱の御神までをいう。皇宗とは神武天皇以下御歴朝の陛下をいうのである」

教祖金光大神さまの残されたいろいろなお言葉を尋ねても、このように、日本の国体の尊厳と、万世一系の天皇信仰を強調し説かれたものは、どこにも見当りません。教祖が出会われ、お説きになった天地金乃神さまは、神道とか仏教とかには規制されないばかりか、そうした国家神道だとか、仏教だとかを、もう一つ超えた神であるということを示されています。その教えを紹介してみますと、

伊邪那岐、伊邪那美命も人間、天照大神も人間であり、その続きの天子様も人間であろう。宗忠の神（黒住教祖）も同じことである。神とはいうけれども、みな、天地の神から人体をうけておられるのである。天地の調えた五穀を頂かれねば命がもつまい。そうしてみれば、やはりみな、天が父、地が母であって、天地金乃神は一段上の神、神たる中の神であろう（理Ⅱ・市光２）

引用させてもらった教えからも伺われるように、教祖金光大神さまは、「神たる中の神」の信仰に生きられたのです。

さて、この神誡第一条は、他の二つの教条、つまり、

わが身はわが身ならず、みな神と皇上《かみ》との身と思い知れよ　（道教の大綱12）

信心して、まめで家業を勤めよ。君のためなり、国のためなり　（信心の心得31）

とともに、教団の歴史に大きく働きをしたことは見落せないのです。

つまり、教団組織化の始めに、こうした教えが教祖金光大神さまの教えとして説かれたことにより、それ以降の教団の信仰は、天皇信仰と、国体信仰を基にして、成立するとして方向付けられた、と言わざるを得ないのです。昭和十二年以降の日中戦争から、太平洋戦争終結まで、組織的に、精力的に、金光教の信仰は、国家のお役に立つということを第一目標にし、ついには信心を国家へ「供出」するということを、スローガンに掲げるに至ったのも、当然と言えましょう。

教団の歴史を、このような視点からだけで批判するのは問題である、と疑問を付しながらも、教団の形成期に、このような問題が潜んでおり、しかも

それが、終戦までの教団の歴史を方向付けしてきたことはいなめないことです。以上のような内容をもって、教祖金光大神さまがご自身のことをお書きになり、金光四神さまが写された、『覚書』も刊行された今日、それを含めての『金光教教典』の再編纂の必要性を強く感じさせられます。（教団形成期の問題――歴史の責めを負うこととして――金光教報昭和46年12月号から抜粋）

この講演が、本教教義の所依である旧『金光教教典』を批判したとして、問題とされることになりました。昭和四十五年（1970）当時の教団議会の議長は、私の母の弟、叔父の佐藤賀鶴雄《かづゆう》（1912～1992）でした。教義の所依である旧『金光教教典』に対して、批判的言動は、教団議会の立場から放置することはできない、ということになり、懲戒処分に値するという意見も出たようです。叔父は、議長というお立場上もあったでしょうが、宿老のひ孫が公の場で批判することは、あってはならんこと、お灸をすえておかねば、とも感じられたかもしれません。結果的には、何のお咎めもありませんでした。それればかりか、後で知らされたのですが、当時の田淵徳行（1926～2009）布教部長が、学生会での私の講演内容を、全教にも知らす必要あり、ということで『金光教報』に載せるというご提案をされたとのことです。

昭和四十六年（1971）の十二月号に、講演全体が、隠すところなく掲載されたのです。教団議会議長と筆者との気まずい壁は、叔父甥の関係ですから、時間とともに消え去ってしまいました。

『金光教報』に、あの講話が載ることによって、旧『金光教教典』は絶対で、変えることはできないという見方が、教団内で崩れ始めたように思えました。我田引水かもしれませんが、あの講演が教典編纂への動きの、大きなきっかけの一つになった、と言ってもよいでしょう。

教学研究所では、教学研究所保管の金光大神の言行資料の整理と編纂は、『金光教教典』再編纂のために、慎重に行われていきました。その成果は、内部秘扱いで、研究資料『金光大神言行録』全五巻として、タイプ印刷されました。五巻目の完成は、昭和四十八年（1973）でした。六巻目は補遺です。時期的には、新『金光教教典』刊行の十年前のことでした。

一部黒地に白抜きのゴッチック文字で、研究資料『金光大神言行録』と記し、表紙を印刷したところから、教学研究所ではこの資料集を、『パンダ本』と言っていました。昭和四十七年（1972）、上野の動物公園にパンダのカンカンが来園して、パンダブームの最中のことでした。

青年教師の間で、次第に教学研究所でのそうした作業が知られるようになり、教典再編の機運が次第に全教に広まっていきました。パンダ本は、研究資料ですから、教学研究所外への持ち出しは厳しく規制されていましたが、学院生が学院の図書室に備えられたパンダ本などからみ教えを筆写したり、教学研究所の研究生が書き写したものを、地方の青年教師会が謄写版印刷して広めるということが起こり始めました。東北教区や関東教区の青年教師会は、新しい教えの流布に積極的でした。そのようにして、ごく短期間の間に、旧『金光教教典』の権威は次第に相対化されていったのでした。

十．典籍編修委員会

昭和四十九年（1974）五月に就任された安田好三教監が、翌年の三月二十七、二十八日に、「教典に関する会議」を開催し、公に教典再編への方向性を出されたのでした。

金光大神さまのご直筆である『覚帳』が、金光本家から教団に提出されたのが、昭和五十一年（1976）です。既存の『金光大神覚』とともに、来るべき新『金光教教典』に編み込むことを暗にもちながら、教学研究所に託されて、瀬戸美喜雄師、金光和道師が主になって、懸命に解読を進めました。二年後の昭和五十三年（1978）の十二月には、瀬戸美喜雄所長の下で完成させたその解読文が、本部当局に提出されたのでした。

昭和五十二年（1977）には、本部当局が「典籍編修委員会」を組織し、教典編修作業を本格化せしめるため、教学研究所客殿の二部屋を当て、典籍編修委員会の実務部門である「教典編修室」を開設することとなりました。当局は、高橋一邦師を専任の室長に任じ、金光英子師（現金光図書館長）、渕上忠保師（現甲山教会長）、西川良典師（現教務総長）などが室員として、具体的な作業を開始することとなりました。上記メンバーに、筆者など教学研究所の関係職員が、関わっての編纂作業が始まったのでした。

「信心の浅い者にはできはせん」と、祖父に一喝され、佐藤賀鶴雄議会議長には、懲戒すべき、という提案を出されそうになった筆者でありました。しかし、金光大神さまのみ教えを、焼き払ったと大嘘を吹聴し、噂を流しながらも、何としてもこの世に残さねばならないという、曽祖父佐藤範雄の強い思いが、何かDNAというか、そういうものとなって、筆者の中に働いて下さっているのを、しみじみと味わっての編修室の皆さんとのご用の日々を送ったのでした。

新『金光教教典』再編作業も、こうして公のものとなり、昭和四十六年（1971）、問題になった筆者の上述した講演から七年たった、昭和五十三年（1978）、芸備教会長佐藤賀鶴雄師の了解が得られ、典籍編修委員会の依頼をうけた教学研究所が、二年かけ数度にわたって、佐藤範雄の書斎となっていた「神徳書院」に所蔵されていた教祖関係文書資料の調査を、行うことができました。

この「神徳書院」調査を通して、確認させられたことがあります。焼き捨てたと噂されてきたご理解百節など、旧『金光教教典』に関わる諸資料原本は、焼かれず「神徳書院」に大切に保管されていました。金光大神さまの言行資料に、最晩年まで曽祖父佐藤範雄は、目を通し、手を入れていた形跡も残っていました。

焼いていない諸資料を、焼いたとする噂の理由は何であったか、種々考えさせられました。金光大神さまに関する資料を保管しながらも、曽祖父佐藤範雄は「焼いた」と言わねばならなかったとしたら、何か重大な理由があったに相違ありません。筆者は、当時の政治状況と、教祖関係資料のもつ内容が関わりあった結果である、と思い至ったのでありました。

明治維新政府の廃仏毀釈などの動きに始まり、大正から昭和へと、日本国は急速に右傾化し、帝国主義化していきます。明治四十年（1907）、天皇・皇室に対する不敬罪の制定がありました。大本教は、国家転覆の陰謀団体として、不敬罪、内乱予備罪、新聞紙法違反など、種々の法律違反を疑われて、大正十年（1921）、昭和十年（1935）と二度にわたり、官憲の捜査、そして酷い弾圧をうけました。昭和十年の大本弾圧では、

幹部・関係者、主だった信徒の逮捕拘束（治安維持法違反と不敬罪）

全建物・施設のダイナマイトによる徹底的な破壊

教団所有の土地を旧綾部町・旧亀岡町に強制売却

すべての教団印刷物の発禁

などが実行され、大本教は事実上、教団消滅を余儀なくされたのでした。大本教は、戦後、信教の自由が保障されるまで、大変な苦難の時代を過ごしたのでした。

筆者の北堀教会の町内（松江市北堀町）にある大本教の教会は、松江に講演に来ていた出口王仁三郎《でぐちわにさぶろう》が逮捕され、教会は焼き討ちにあったのでした。恐ろしいことであった、と北堀教会の長老信徒から聞いたことがあります。

このような宗教弾圧の動きを予知してか、それとも、大正十年の大本弾圧を知ってか、弾圧の口実とされかねない金光大神さまの大切な諸伝承資料を、曽祖父はなきものにすることに思いをいたされたのではないか、と筆者は思いつかされたのでした。明治四十二年前後、その存在がわかり、当時の教団幹部が読み込んだと考えられる、『覚書』の金光四神さまの写本など、その内容から官憲の目に触れては、危険きわまりないものであったのです。安全と思われる曽祖父の編纂した「神誡、神訓」、「御理解百節」を残し、他は焼却した、という噂が流される理由は、当時の官憲対策以外には、思い至りませんでした。

現人神、つまり生神は、天皇以外にあってはならない厳しい時代に、金光大神を「生神」と称し、「天照皇大神も人間」、「その続きの天子さまも人間」だとか、それを匂わす教えの数々や、金光大神さまご自身がお書きになった上記『覚書』など、当時の検察当局の目にでも触れれば、教団は、大本教のように弾圧の対象にされたかも知れません。

金光大神の教えを国学思想によって、狭隘《きょうあい》なものとして世に出し、本教教義の基盤としたことへの筆者の佐藤範雄批判は、正しく正当なこと、と今も考えています。その後の教学研究所での研究や、典籍編修ご用に携わらせてもらえた経過の中で、知らされ、新たに感じ取らされたことが、このような国家の政治状況との関係で、動かざるを得なかった曽祖父や、当時の人々の心中でした。

戦争に明け暮れた日本の醜い時代に、佐藤範雄を始め、教団の幹部が味わい通した、金光大神の教えを全面的に、正面切って、ありのまま、あからさまに世に出すことができないという無念さ、そして金光大神さまへのうしろめたさが、ひしひしと筆者に伝わってきたのです。それを感じ取らされた以上、曽祖父が、出そうとして出せなかった金光大神さまのご信心の全容、これをとにかく世に出させてもらわねばならないという思いが、筆者を一層、『金光教教典』の再編ご用に急ぎ立てたのでした。

「神徳書院」からの、原本とも言える諸資料と、教学研究所で編んだ五冊の「パンダ本」との照合や、『覚書』と『覚帳』の解読文の確認などが、教典編修室・教学研究所共同で綿密に行なわれ、そうして、度重ねての典籍編修委員会でのチェックを通って、昭和五十八年十月十日、旧『金光教教典』が廃されて、新しく編まれた新『金光教教典』が、金光教の教義の所依として制定されたのでした。その年は、冒頭に記した通り、教祖百年大祭が、九月二十六日から八回にわたって、麗しく執り行われたのでした。

少年時代の世界大戦の経験、そして敗戦の日々の中で、旧『金光教教典』批判から始まって、何ものかに促され通したチャレンジが、新『金光教教典』刊行ということで、筆者のもとでは一応の幕引きとなったのでした。「一応の」というのは、まだ、新『金光教教典』の英訳作業と、教典用語辞典の作成が、それ以降も続いていったからです。

こうして、新『金光教教典』が新たに刊行され、全教の信奉者のもとへ届けられることによって、金光大神さまのご生活の実相、ご信心の全容は、受け取り、咀嚼《そしゃく》すべき数々の信心上の課題を投げかけて止みません。中でも、衝撃を全教に与え続けてきていて、受け取り切れていないことは、金光大神さまが、ご自身で記された最後の一文、つまり、明治十六年のお知らせの内容であります。それについて、次章で詳しく述べることにしましょう。

第二章　何のために生まれ、どう生きるか

―「身代わり」の意味

金光大神さまが、最後にお記しになった、「身代り」のお知らせは、『覚帳』が教団に提供されて、初めて接したお知らせでした。教学研究所内はもちろんのこと、典籍編修委員会のメンバーも、当初、ただ驚くばかりでした。どう解釈すべきか、五里霧中のありさまの中、既述しました教会長信行会で紹介していくのは、筆者にとって至難の業でした。あれから四十年近くも経過して、今、その記録を読み返しますと、「身代り」の部分は研究不足があり、その後の検討したことをもって、この章で再考させてもらいたい、と思います。

あの当時、筆者として、力を入れ、思いを込めたことがあります。それは、「金光大神の死」という事実との出会い方、捉え方が、時代とともに浅薄になってきているのではないか、ということでした。

直信の方々が、教祖さまの死に出会い、いかほど涙され、慟哭《どうこく》し、絶望もされたことでありましょうか。しかし、この死別の経験は、本教の歴史の中ではいつの間にか薄れて、取次の働きに永遠に生き続けられる生神金光大神のお働き、という教義が表立って、人間の死という厳粛な事実と、その意味についての掘り下げが、今一歩というところで、きかなくなっているように思えてなりません。金光大神さまのご晩年の生と死を、しばし見つめさせてもらいたい、と思います。それによって、人間一般、誰でもの生と死の意味を、どのように考えるかという課題に示唆を得たい、と願われます。

幼い子たちの人気漫画、やなせたかし著「アンパンマン」のマーチの冒頭の言葉に、

何のために生まれて　何をして生きるのか
こたえられないなんて　そんなのはいやだ！

このようなするどい質問があるのです。第二章、全体を通じて金光大神さまのご晩年に焦点を当てて、その生きられ方を尋ねながら、この問い、つまり人は何のために生きているのか、に金光大神さまはどのように応えられて、死を迎えられたかを伺ってみたい、と思います。

一・設立百年記念祭と癌摘出

『覚帳』は、原本の写真版を見られたらわかるのですが、原本はなかなか読み難いものでした。教学研究所の研究者たちによる読み下しがなされて、新『金光教教典』第二の書として活字になっていますが、この活字になったものも、原本と比べて見ると、節や句の順番はこれでいいのか、またこの文字は、この言葉を当てて正解なのかなど、問題が残されている箇所はありますが、とにもかくにも、読み下され、新『金光教教典』に含まれたことは、本教のご信心にとって、重大な意味をもつものであります。

教祖金光大神さまの日記でもありますし、『お知らせ事覚帳』と書かれているように、神さまからのお知らせの記録でもあります。またご自身のご祈念帳であったかもしれません。

教祖金光大神さまは、明治十六年（1883）十月十日、旧暦九月十日に、七十歳で生涯を終わられました。当時とすれば、ずいぶん長生きの方であった、と思います。教祖金光大神さまは、いつ頃からご自身の人生の終わりに、思いをいたされたでしょうか。

新『金光教教典』に見る限り、記録で読み取れるのは、明治九年（1876）のこと、「旧暦と新暦とがあるが、先で両方が九日十日と連れ合っていく時がある。その時には神上りする」（理Ⅱ・伍慶21）と、お話になっている伝えが、一番早い時期のものです。教祖金光大神さまが自身の死について述べられた、最初の記録です。

金光大神さまの死への向かい方に触れさせてもらう前に、以下、しばらく筆者自身のことについてのご案内を、お許し頂きましょう。

筆者が、死ぬかもしれない、ということに気付き、真剣に考えさせられたのは、平成二十三年（2011）七十七歳の時のことでした。それは、ご奉仕させてもらっている北堀教会が、教会設立百年を迎える年でもありました。

さて、筆者が妻とともに、北堀教会でご奉仕させてもらうようになった経緯を、まず記させてもらいましょう。北堀教会の三代教会長の出川真澄（1915～1997）師を存じてはおりましたが、教会お結界ご奉仕の姿に接したことはないし、北堀教会へお参りしたこともありませんでした。出川真澄師が学院長の頃、教学研究所からの出向で、学院講義を週に一度、一時間ほど受け持っておったような関係で、師を知る程度でありました。

さて、これといった関係もなかった北堀教会と、筆者をつなぐ神さまのおはからいは、ハワイセンターで、その気配を現し始めたのでした。筆者は、二十世紀末も近い、平成九年（1997）ハワイ教区の嘱託として、教区活動のお手伝いに行かせてもらっていました。その後、平成十二年（2000）二月二十五日付けで、ハワイセンター所長のご任命をうけました。

平成十二年（2000）、教主さまご夫妻を、ハワイ島のヒロ市で開催された、「北米ハワイ合同教団独立百年記念祭」にお迎えすることができ、八月十日から二十日まで、ハワイセンター所長として、ハワイ地域の四島、各教会への参拝に、ご同行できたのは、生涯かけて忘れることのできないことでした。

ここで、論述を少し横道にそらします。教主さまとハワイの信奉者たちとのことを、書き添えておきます。北米とハワイ地域の金光教が、八月十一日から三日間、信奉者大会を開き、教団独立百年祭をハワイ島のヒロハワイアンホテルで執行、教主さまご夫妻のご臨席を仰ぐことができました。

教主さまをお迎えするについて、ハワイの信奉者たちは、どのように接したらよいか、始め戸惑いを隠せないようでした。「教主さまは、雲の上の人？」、「話しかけると失礼になりはしないか」、「握手してもよいか」、「ハグ（抱擁）してもよいか」、「失礼になるみやげものはあるか」など、いろいろな質問を筆者などに寄せてこられました。教主さまは、皆さんと自然な姿で交わりたい、と願っておられると思うので、遠慮しなくてもよろしい、とそうした質問に所長として答えていました。

教主さまご夫妻は、ホノルル空港にご夫妻で降り立たれてから、大会へのご臨席、各教会への巡拝などハードな日程をこなされ、十九日（現地時間）に帰国の途につかれるまで、そのご態度はかわることなく、ご自身の方から、信奉者の一人ひとりに握手を求められ、話に耳を傾けられました。笑顔をもって、老若男女区別なく、信奉者をつかまえては、親しく話しかけられたのでした。そうして、信奉者たちの、とかくすると緊張する心をやわらかくほぐして下さり、そのような教主さまに、ハワイの信奉者たちの皆さんが、素顔で向かうことができたことは、ありがたいことでした。

ある三世の信奉者は、記念祭での教主さまの英語でのご挨拶を聞き、英語の上手さはもちろん、その内容の豊かさ、暖かさに触れ、「チキン・スキン」、つまり鳥肌が立つほど感激した、と言っていました。また、ある人は記念祭前夜の集いでの、教主さまご夫妻の気取らぬ自然な振る舞いに、「雲の上の人ではなかった」と、喜んでいたことは忘れられません。教主さまの真の素顔を、現地の信奉者たちの自由で闊達な振る舞いが引き出した、とも思えたのでした。そうして、教主さまを、「雲の上の人」と思わせる、何らかの原因をつくったのは誰だ、と考えもさせられたことでした。

その翌年、平成十三年（2001）九月十一日、ニューヨークの誇る貿易センタービルなどが、ビン・ラディンが率いるアルカイダによって、同時攻撃をうけ、悲劇が勃発しました。はるか大陸と海を隔てた、ホノルルも騒然とした空気が漂い、観光ヘリコプターに至るまで、飛行を禁止されてしまいました。アロハタワーへの登頂もご法度になりました。その日、太平洋上を飛んでいた旅客機の多くは、ホノルル空港に航路変更して、留められたのでした。

そのような中、十一月二十、二十一日と予定していた、ハワイ地域の全教師会が開催できるかどうか、不安でしたが、数日後、ホノルル空港が開かれ、ご本部からの派遣講師を迎えることができ、安堵したのでした。

その講師が、東中国センター所長であった駒口秀次（1943～2017）師でした。師は、その会合の時、筆者に一冊の書物を下さいました。その本が、『信心・その深遠なるもの』という、北堀教会の出川真澄師の講話集でした。そうして、北堀教会の兼務教会長を教務上の立場で引き受けていること、後継者が早急に求められていること、ハワイセンター所長を終え、帰国した段階で、北堀教会後継のことを考えてくれないか、ということなど、筆者に話されたのでした。その時、「日本に帰ってから、ご返事申し上げる」と、その場しのぎの答えをして、お別れしたようなことでした。

翌年、平成十四年（2002）五月三十一日付けで、ハワイセンター所長辞任を受理され、四年九ヵ月にわたるハワイでのご用を終わり、六月に帰国することができました。故郷の金光で落ち着く間もなく、本部広前のお取次を頂き、東中国センターの駒口師に出会い、帰国の報告と、ハワイでのお頼みの北堀教会の後継のことにつき、概略お伺いしました。その頃の筆者の内心を吐露すると、国際センターからハワイセンターへと九年半ばかり、ひたすらご用に当たらせてもらってきたので、ちょっと余裕、お休みを頂きたい思いが強くありました。でも、北堀教会の存続の危機は、金光大神さまにとっても危機であったのか、筆者の個人的な勝手な思いは吹き飛んでしまいました。

後継を決心した時のことは、拙著『命の思想、命の信仰』（2005年刊　金光教徒社）に、次のように記しております。

北堀教会後継を引き受ける時も、「清水の舞台から飛び降りる」といったような悲壮な感じでもなく、何も考えないで空虚になった感じがし、迷いがフッと吹き飛んで、ＯＫの返事をしてしまった。したがって、本当に深く考えて教会勤めを引き受けたかというと、そうではない。言葉は悪いけれど、「神さまどうぞご自由に」という気持ちが、自分の中に生まれた時に、物事が決まっていったのであった。

神さまにとっては、確かな絆をつかんでおられたのでしょうが、筆者にとっては、引用文の通り、特にこれ、といった決意・覚悟・願いのないまま、平成十四年（2002）十一月から、ご奉仕させて頂き、五里霧中のうち数年経過した頃、平成二十三年

(2011) には、北堀教会が、設立百年を迎えるということに気付きました。百年記念祭を何となく仕えるということは、これは誠にあいすまぬことである、と思いました。せめて、教会百年の歴史を辿ろうと思い、三代にわたるご祈念帳、広前日記、随筆原稿、種々のメモなど、教会に関係する諸資料に目を通し始め、そして、教会百年史の編纂、執筆を開始したのでした。

その記念の平成二十三年(2011)に入って、二、三年かけてきた内容がほぼまとまり、『北堀広前の素顔』というタイトルで、北堀教会の百年の歴史を記した原稿について、金光教徒社、印刷会社などとも出版の話を進めておりました。

後で考えると、十一月五日に百年記念大祭をさせてもらう準備ともなったのですが、私も妻も、六月十七日に、松江市の赤十字病院の人間ドッグをうけさせてもらいました。教会百年のチェックの次に、それは奉仕者の体のチェックとなりました。神さまが、私どもに体を検査するように促されたのでしょう。

その結果、筆者の胃に癌が見つかりました。詳細な細胞検査の結果、スキルス性の癌細胞で、ステージ四に近づいている、とのことでした。主治医から、手術をして刺激を与えると暴れまわる癌細胞で、どこへ転移するかわからないという危険なものであるので、慎重に、そして早急に手術をしなければならないということでした。「六月中に手術をする」と、言われました。もし、放置したとしたら、余命数ヵ月であったようです。

筆者は、はたと困りました。十一月五日に北堀教会の百年祭をお仕えしなければいけない。今、手術をしたのでは、そのまま死ぬか、それとも動けなくなるかもしれない。出版すべき百年記念の本の校正も完了していない、妻一人で百年祭の準備はきつすぎる、無理であろう、などといろいろ思案しました。

思案の挙句、担当医に、「手術は待って下さい。十一月五日に、こういうご祭典を仕えねばならないので、十一月五日を終えたら、即、入院します」と無理を言い、手術は延期してもらいました。しかし、担当医はそれまで何もしないわけにはいかない、と二週間ずつ二回、抗癌剤の点滴をすることになり、点滴のための入院は、秋の記念大祭までに二回しました。

診断をうけて、百年記念大祭までの四ヵ月間に、自身が病気をどう受け止めるか、考えさせられました。百年祭準備中、抗癌剤点滴入院もしなければならず、差し障りも避けられない。それにつき、ご信者さん方にも、病状などをご説明せねばならない。その説明をどうするか、など神さまに向かい、また自身思いを巡らせました。

教会の百年の歴史を、残された資料などを調べていて、わからされたいろいろなことがありました。ご信者さん方のことなども含め、百年という時の流れの中で、おかげをうけられてきたことは多々あります。しかし、ご信者さん方のことを含め、教会に関わる、積み重ねられたいろいろな問題、ご無礼、お粗末というものもあります。歴史を重ねれば重ねるだけ、この教会に限ってはないと言えるような教会はない、必ず何かあるのです。知らず知らずの神さまへのご無礼、それをどうお詫び申し、自分の身に引き受けていくかということが、これは大切なことであります。

教会という場所、取次という働きの場所は、確かに、難儀な人を助けた歴史を刻む場所であるとともに、残念なことに、難儀な人々を一層難儀に、それればかりか見捨てた歴史をも刻んでいく場所であることは、否めないことであります。そうしたマイナスの事柄、出来事は、記述し、記念誌などの出版物にあからさまにできない、してはならぬことでありましょう。筆者は、教会百年誌のための資料を読み下し、検討し、そうして、編纂・執筆させてもらって、しみじみとこのようなことを思わされたのでありました。増殖してはならない、私の体内の癌細胞を、教会のマイナスの歴史事実、出来事との関係で考え、うけ止めることができていきました。

この癌について、神さまに次のような願いをもって、向かわせてもらえるようになりました。「金光大神さま、天地金乃神さま、教会百年にまつわるさまざまなるめぐり、私自身の今日までのご無礼を、私の腹の中へ、取りまとめて下さい」

という願いです。その心はというと、癌がめぐりを吸収し、すべてのご無礼を、癌に取りまとめて頂ければ幸甚、おかげである、という思いにならされたのでした。そして、癌の手術、摘出によって、百年祭のあと、教会と関わる人たちのめぐり、ご無礼、一切のお取り払いを頂けるように、という願い方をしたのです。それが叶えば、自身は癌とともに死を迎えてもよい、と覚悟させて頂けるようになりました。

それは、真に勝手な願い方であるかもわかりませんが、そう願うことで、癌が苦にならないようになりました。手術が待ち遠しくなるばかりか、癌よ、めぐり・無礼を集めてしっかり固まれ、という前向きな思いが生まれ、落ち込んだり、ふさぎ込んだり、不安になったりする心が、芽生えることなく、教会のご用を続けておりました。体調は抗癌剤のせいで、目やに、しゃっくり、下痢、手足のしびれ、食欲不振などなど、不安定ながら、神さまのお支え、妻を始めご信者さんたちの手助けを得ながら、教会設立百年記念大祭準備に当たることができていったのでした。

不安にかられることもなく、抗癌剤の点滴と、それに伴う入院は、印刷会社から回ってくる、北堀教会百年記念本校正とともに、無事、終わりました。百年記念大祭もつつがなく、十一月五日に仕えさせて頂きました。七日、入院、九日無事癌摘出手術成功というおかげを頂きました。もっとも、麻酔のせいで本人は、知らぬ間に終わったのでした。

その癌摘出直後、医師、看護師と面談説明をうけた妻が、詠んだ和歌があります。

看護師に終わりましたと告げられて　医師との面談　癌　目のまえに

赤黒き「それ」は心臓止まるごと　迫力ありし　生々しもの

幾つものチューブに繋がれ病室へ　夫は「取れたか」とわが目をのぞく

これら妻の和歌によって、ずっと心配をしてくれていた妻の心情が、筆者の心にもしっかり届いてきました。麻酔が切れ、意識が戻った時の、自身では決して見ることのできない、安堵と感謝の顔をご想像頂き、入院二週間後、十一月二十一日におかげさまで退院したことを記して、記述を次に続けましょう。

筆者が、このような前向きの姿勢で癌に向かうことができたのは、金光大神さまの、最晩年の生きられ方からのご示唆や、励ましをうけたからでありました。新『金光教教典』第二書である、金光大神さまの『覚帳』のご記述をベースにして、以下金光大神さまのことに戻って、論述を続けます。

二．体調不順の年月

教祖金光大神さまが記録に残っている限りで、最初に自分の死を示唆されたのは、既述したところですが、明治九年（1876）の伍賀慶春へのお言葉でした。引用しますと、

明治九年の秋頃参拝した時、いろいろとご裁伝があった後、金光様は、「旧暦と新暦とがあるが、先で両方が九日十日と連れ合っていく時がある。

「その時には神上りする」
と小さな声で仰せられた。（理Ⅱ・伍慶21）

金光大神さまは、明治十六年（1883）十月十日、旧暦では九月十日に亡くなりました。その日を、およそ数年前から予測的に語られた、というのがこの伝えです。新『金光教教典』のご理解伝承全般に言えることですが、伝えられている年月日は、場合によっては伝承者本人の思い違い、記憶違いがあるということは避けられません。教典編纂の過程では、伝承者自身にとって、その記憶が歴史事実と違っていようとも、違うということに、何らかの意味があるかも知れないので、伝承に手を入れることは極力排除しています。

この場合、明治九年（1876）が、伍賀慶春の間違った記憶かもしれません。あるいは、二、三年後のことかも分りません。いずれにしても、第三者に自らの死について語られた伝承で、もっとも早い年代が、明治九年ということで、理解しておきましょう。

金光大神さまご自身の記録では、神さまの勧めにより、明治六年（1873）、六十歳の時から生まれ年を改めておられます。戌年生まれでありましたが、明治六年の酉の年に、「酉の年一歳」と書いておられます。いわゆる還暦を迎え、ここから新しい命を歩むということで、六十歳から自分の年を一歳、二歳と勘定されていきます。推察するに、これも一つの「死」へ向かっての歩みのご自覚の兆ではなかったか、と思われるのです。

還暦の頃については、金光大神さまは、体の異常を記されてはおりません。記録されていることによると、明治十年くらいから、年とともに体調不順な日々が増えていかれているようです。どちらかというと、全体的な体力の衰えもあられたでしょうが、特に胃腸関係が弱っていかれたように、伺われるのです。

六十四歳になられた、明治十年（1877）八月のことです。

三日夜七つごろ、腹、通じつき、一度きりに毒お取りさばきくだされ、ありがたし仕合わせ存じ奉《たてまつ》り。（覚帳・21-16）

と記してあり、さらにその翌朝には、

四日早々御礼申しあげ。日々手水《ちょうず》へ行かぬように、着り物（着物）汚《よご》れぬように、三日四日ぶりに行くようにしてやる、とお知らせ。（覚帳・21―17）

と、書かれています。さて、この『覚帳』は、昭和五十一年（1976）に、金光本家から教団に寄託され、当局が教学研究所に解読を委託しました。次の章で述べることですが、その当時、教学研究所在職中のアルフレッド・露木（現ロスアンゼルス教会長）師と一緒に、この『覚帳』の英訳を、教学研究所の解読が進むのに並行してさせてもらっていました。その過程で、彼が、「どうして、教祖金光大神さまは便所のことやら、屁のことやら書くのだろうか」と、疑問に思い、質問してきたことを覚えています。筆者は、どう説明させてもらったか、記憶しておりませんが、そうした問いが浮かぶほど、たびたび記しておられます。宗教の聖典に、教祖自身の下痢のことや、痔のことやら、屁のことやら書いてある本は、世界中に、この新『金光教教典』しかないでしょう。

さて、先の引用文にある、「着り物汚れぬように」という一文に注目をしてみましょう。この頃、教祖金光大神さまのお広前には、記録によると、日によって違いますが、だいたい三十人、四十人くらいがお参りになっていたようです。金神講などといって、数人でお参りに来られるグループもあったでしょうが、ほとんどは、三々五々、個々別々にお参りに来られる人々でした。想像するに、一日中ほぼ、お取次の座、お結界へのお届けが絶えることがない人数でした。

結界の座を離れる時がなく、金光大神さまとしては、下痢が出そうになっても、大便が出そうになっても、次々とお取次を待つ参拝者がいるから、辛抱され、席を立つわけにはいかなかったことがあったのでしょう。

お結界に座られたまま、体調のお悪い時などは、着物も汚れることがあったのでしょう。そこで、神さまにお願いになったら、「着物が汚れぬようにしてやる。下痢も三、四日くらいで一回というようにしてやる」と、神さまは応答されたのでした。

明治十二年（1879）には、日本中にコレラが流行りました。記録によると、死者は十万人を超えた、とも言われています。コレラに罹ったら、ころりと死ぬから、当時は「ころり」と言っていたようです。

明治十六年（1883）になって、ようやくコッホという人が、コレラ菌を発見して、その原因が判明したのですが、明治十二年（1879）頃は、まだ病因は判明しておらず、治療法もなかったのでした。そのような恐ろしい、罹ったら死ぬ、という病気が流行った年であります。この年に岡山で米問屋をしておられた、白神新一郎（1818～1882 大阪教会初代）師が、コレラが蔓延している大阪へ、何としても人々が助からねば、と布教に出られたのでした。

その年、正月二十六日のことですが、

またおいおいに腹がぐうぐうごろごろと鳴り、手水出。屁がかつかつ出、腹の内はぐあいよし。三月十五日よし、六日、両日は手水へ行かず。四日ぶりに出。（覚帳・23-4）

「腹がぐうぐうごろごろ」の「ぐうぐうごろごろ」は、誰でも経験があるので、オノマトペ（擬声語）としては了解できるでしょう。しかし、「かつかつ出」とは、どんな音でしたのでしょうか。想像するしかありません。とにかく、下痢が止まらず、便所へ行かねばならないようなことが、たびたび起きてきていたように伺われます。

生神さまと慕い参拝し、お結界でようやく出遭えた、と感激にひたっている時に、このようなことが万が一でも起きたら、さぞや参拝者は、びっくりしたことでしょう。金光大神さまは、それでも正直に書いておられるのです。そうして本教は、そのような記述も金光大神さまの命の声として、隠すことなく、新『金光教教典』に掲げているのです。掲げている意味について考えつつ、論述を続けましょう。熱も出るということもあったようです。やはりその年、七月のことです。

二十日ばんより、金光大神、熱、頭痛。腹ぞうぞう下り、四度。宵《よい》、朝、七度で治り。二十一日の朝は声がかれ。ご理解あり、おかげで朝のうちに声も治り、通じもとまり。五日ぶりに大用に出、一夜に毒の取りさばきくだされ。（中略）二十二日より平食に相成り。五日ぶりに大用に出。よそにはコレラと申す病気はやり、みな心配いたし。此方《このかた》には神様のおかげ受け。

（覚帳・23－17）

「よそにはコレラと申す病気はやり、みな心配いたし。此方には神さまのおかげ受け」と、書かれていることから察すると、金光大神さまも、家族の人々とともに、コレラに罹ったのではないか、など病の心配をされたようです。しかし、医師に診てもらう暇もなく、ずっとお結界へお勤め下さっているのです。自分の難儀もさることながら、参って来る人々の難儀が助かることを、お祈り、お取次をして下さっていたのでした。

病気だから仕事を休み、体を大切にする、今日では、そうしなければならないのです。金光大神さまのところでは、それができられなかったのでした。お結界にお座りになり、一人で参って来る人に対応されていました。代勤というか、代わりにお結界に誰か勤めるということがあったのは、最晩年の明治十六年（1883）の秋のことでした。教祖金光大神さまは、神さまからの「差し向け」としての依頼をうけられ、願いを聞かれ、神さまの願いを戴《たい》して、お勤めになり続けられたのです。

明治十四年（1881）には、

一つ、大神虫入りたとお知らせ。朝々三日、大便、手水へ出。腹と申し、気分どことなし食事進みになし。食べるは食べおり。（覚帳・25-24）

御理解集の三類に、この「虫入りた」という言葉の使用例が一つあります。

明治十六年正月元旦のご祈念に、

「本年、金光大神の身に虫入りたり」

とあり、夏となりては、何とのうお元気なく拝せられ、七月十七日、「金光様、いつまでお生きなされて人を助けなされますか」と伺いしに、

「いつまでもと思うが、肉体を持っておれば痛いかゆいこともあり、本当に

人を助けることもできないように思う」と仰せらる。（理Ⅲ・内伝13－13）

この佐藤範雄の『内伝』では、最晩年、明治十六年（1883）の金光大神さまのお言葉として、記されています。佐藤範雄に対しても、この「虫」という言葉をお使いになったのでしょう。上記の記述は、二年前の明治十四年（1881）の夏のことです。この年からずっと、「虫入りた」ということを、意識され続けていたのでしょうか。

さて、金光大神さまの体に入りこんだ「虫」とは、何であったのでしょうか。回虫、サナダムシなどの寄生虫ではもちろんないのです。また、細菌やウイルスでもありません。この「虫」とは、体、肉体を蝕《むしば》んでいく虫、つまり、いわば、「死に至る病」です。神さまからのお声がけ、お知らせとして、金光大神さまに「死」を受け入れ、「死」に望む覚悟を促された、と考えられます。

それぞれ、自身に訪れるであろう「死」を、突如、医師などから、具体的に示され告知された時、驚き、恐怖、不安、絶望、当惑などが、順序もなくひしめきあって押し寄せ、自身を包み圧迫して、筆舌尽くし難い、なぜなぜ状態を余儀なくされるのが、普通といえば普通でしょう。

金光大神さまは六十八歳で、その告知を神さまからおうけになったのです。近年、体調は決して順調ではなく、その時も、「朝々（あさあさ）三日、大便、手水へ出。腹と申し、気分どことなし食事進みになし。食べるは食べおり」と、書かれている通り、下痢が続き、気分も優れず、食事も進まない、という状況であったのでした。

癌であと何年、何ヵ月などの告知をうけると、「早く、お迎えが来てくれないか」と、日頃ぶつぶつ言いながら待機している人でも、具体的になると「どうしようか」、「あと、財産をめぐり喧嘩にならないか」、「遺言を書いているが、遺言通りにしてくれるかどうか」などなど、心配がつのり気分的に衰えてまいります。家族を持つ者は、家の行く末、子孫の行く末を心配もしたりします。

告知されたが故に、そのように心配で、一層命を衰えさせていくという人もあります。入院して治療を受けられるようになって、急にあの方は生気がなくなった、と言われる病人があります。病気が体を衰えさせるというより、気分が体をまいらせてしまう、ということが起きることがあります。神さまから「差し向け」としてのお役目を頂いておられる金光大神さまは、どのように「虫入りた」を受け止め、対処していかれたのでしょうか。

三．差し向けとしての命

「差し向け」という言葉は、どのような意味をもって、新『金光教教典』で使われているのでしょうか。まずは、人の苦悩、難儀を開くために、神さまから贈り届けられるもの、または、その働きを指す言葉として使われる場合があります。例えば、病気を経験して、信心に目を開かせられた人にとっては、その病気が神さまからの「差し向け」となります。喉の渇きを癒される水も、感じ方次第で、神さまの贈物、つまり「差し向け」となるのです。声も形もない神さまのお働きを、形あるものに託して神さまが示して下さるもの、それを「差し向け」という言葉で表すのです。

このような言葉の使い方を基盤として、提示されてくるのが、神の「差し向け」としての金光大神と、その働きであります。つまり、人とその世の難儀を救い助けたいという神の願いをうける、人とその働きが、世の中の難儀を助ける、神の「差し向け」となるのです。

「金光大神あって神は世に出た」（理Ⅱ・福儀10－4）などと神さまが言われる時、金光大神さまを、神とその働きを現す、難儀な世と人々に向けての神の贈物、つまり「差し向け」であるということになります。人々が助かることへの、いろいろな神さまのお依頼事を、うけ行じていくのが、そのお役目であります。

受け取る人間の側から言い換えれば、「差し向け」は、神さまに代わって、形があり、命ある姿をもって、形のない神さまのお手代わりとして、働きをして下さる姿を言います。金光大神さまは、このような意味での、「差し向け」として役割をご自覚になり、その役目に生き切ろうとなさったのであります。ただし、金光大神さまは、それを自分一人選ばれて担う役割とは考えられず、多くの人々が、同じように、そのお役目を担うことを願い、教えてゆかれたのでした。

そのお役目の基本姿勢というべきものは、明治九年（1876）六月二十四日のお知らせをあげてよいか、と思います。

一つ、金光大神、人が小便放《ひ》りかけてもこらえておれい。神が洗うてやる。人が何と言うてもこらえておれい。天地の道つぶれとる。道を開き、難渋《なんじゅう》な氏子助かること教え。（覚帳・20-16）

人間の営みの世で、天地の道、つまり天地の道理に基づいた営みが壊れてきているので、その世の中に、道理に基づいて歩める道を敷いて、難儀している人々へ、歩むべき道、助かる道を示し、誘ってもらいたい、それにともなう苦渋は、耐えて欲しい、神として何としても支えていこう、とこのお知らせに示されているのです。このことが、差し向けとして委託されたことである、と言えます。

この重大な神の「差し向け」としてのお役目を、教祖金光大神さまがうけられた時期は、ご自身の死期を、伍賀慶春に語られたという時期にも当たります。

さらに、明治十年（1877）、下痢症状などがあり、着物が汚れるかどうか、という体調不安定が起きてきた時期には、宮建築で村人と金光大神さまの考え方の齟齬がある中で、

氏子は大谷村の金神社と申し。天地金乃神、生神金光大神、日本開き、唐《から》、天竺《てんじく》、おいおい開き。右のとおりに説諭いたし。（覚帳・21－27－5～6）

と示されます。金光大神さまが開こうとしている道の規模は、村人が氏神社として神の宮を建てようと企図しているのに対して、日本はもちろん、当時の言葉で「唐・天竺」、つまり世界全体を視野に入れるべきことを、神さまは金光大神さまと確認され、村人たちにも、それを伝えるよう、金光大神さまに促されています。

その翌年の明治十一年（1878）大晦日には、

> 一つ、宮殿《きゅうでん》楼閣《ろうかく》七堂《しちどう》伽藍《がらん》、いらか（甍）をならべて建て続けさする。金銀のこと何千何万でも思うな。（覚帳・22－36）

と、建つべき金光大神道広げの宮の規模を、神さまは想像もつかぬ規模で金光大神さまに伝えられているのです。

コレラが全国に蔓延し、金光大神さまも発熱や頭痛、そして、下痢などにご苦労された、明治十二年（1879）の翌年にも、夏、下痢などあり、体調が下降気味であったけれど、神さまは、金光大神さまに大切なことを託し、そのお働きを促し続けていかれます。それは、明治十三年（1880）六十七歳のことです。

> 六月二十五日、（中略）
> 総氏子のこと、素人、玄人と申すことなし、大人、子供、鳥畜類にいたるまで、人間が無礼いたす、当たりいたし。同じく氏子から断り申すこと天地乃神が教えてやる。取次が生神金光大神、教えそむく人はしようもなし。（覚帳・

24-5）

お知らせを記されるについて、金光大神さまなりの語の省略や、文章の運びがあって、わかりにくいことです。これを筆者なりに、現代文で示すと次のようになります。

「すべての人間のことについて知らせておく。仕事の軽重を問わず、大人だとか子供だとかの区別なく、すべての人間は天地へ無礼をしている。天と地の間に生きるもの一切、鳥や獣に至るまで、人間の無礼な行為によって何かと支障をうけ、問題を投げ返してきている。人間すべてが、その無礼を自覚し、お詫びをするように天地の神が教えてやる。その教えを取次ぐものは、生神金光大神である。教えに背く者は、どうなってもいたし方はない」。

金光大神さまは、多くのご理解で、天地の間に、神さまのお恵みをもって、生かされているものとしての人間をお説きになり、そしてどのように生きていけばよいかを、教えられています。金光大神を世に差し向け、おかげを授けるべく、天地の道を説き聞かすように、という神さまの切なる願いは、明治六年（1873）の「今般、天地乃神より生神金光大神差し向け、願う氏子におかげを授け、理解申して聞かせ」という御神伝に現わされています。それを、天地に生かされて生きる人間以外の命、生き物と人間の行為との関係で、再確認を促し、再度、金光大神さまのお働きを、神さまとして願われているのです。

現代の人間にとっては、ＩＴ産業やそれに関わって繰り広げられる文化、技術の恩恵をうけているということは了解がついても、天地の間に生きさせて頂いているご恩はおろか、天地へのご無礼を日々重ねていることについては、あまりにも無頓着になり過ぎてきています。天地の神さまのみ恵みを、人間と同じように、うけて生かされて生きている動植物の命の道筋を、人間が求める快適な生活のために、日々、どれほど妨げ、乱し、命を普通に運べないようにしていることであろうか、と思わされます。

金光大神さまは、「信心する者は犬猫にまで憎まれぬようにせよ。犬猫にまで敵をこしらえるな」（理Ⅰ・近藤48）とか、虫や、ネズミなど人間に害をするとされる生き物がいても、わざわいをしないように神さまにお願いして、いたずらに殺すなというように、天地の間に生きとし生けるものとともに、生きる人間の生き方を示されてきているのです。

徹底的に、人間にとって無用なものや害になるものを、この天地から追い出していく動きは、いつかは人間に返され、人間の生命を危うくすることになるのです。天地の神さまの目からは、どの生命も「あいよかけよ」の働きによってあり、人間の害になるかならぬかだけで見てはならない、と天地への無礼にならない生き方を教えるよう、神さまは「差し向け」としての金光大神さまの取次のお働きを促されているのです。

神さまは、同じ年、明治十三年（1880）の十二月には、人間の世界のあり方全体に関わる大転換のご用を、金光大神さまにお示しになっております。

人代《にんよ》と申し、わが力で何事もやり。今般《こんばん》、神が知らしてやること、そむく者あり。神の教えどおりをする者は神になり。昔は神代《かみよ》と申し。今は人代。昔へもどり、神代になるように教えてやる。難儀《なんぎ》はわが心、安心になるのもわが心。（覚帳・24-25）

この「お知らせ」は、宮建築に関わる広前の世話役や、村人たちの動き方の問題を、直接には指示したものですが、ここで言われていることには、具体的な事柄への問題指摘以上の意味が、込められております。「わが力で何事もやり」、「神が知らしてやること、そむく者あり」という言葉からも読み取れることですが、「人代」というのは、人間が人間の力で、人間の都合を先行させる世界と、その時代という意味になります。

別な言い方をすれば、「人代」とは、目に見えることとしか見ようとせず、そして天地を人間の力で動かし、人間の欲しいままに変えようとする世のありさまを、神さまの眼から言い当てられた言葉であります。その代・世はまた、神のことを忘れ天地に背き、さまざまな難儀を生み出しつつ、難儀に喘《あえ》ぐ社会・世界です。

それをどのように転換していくか、そこに神の、そして金光大神の世と人々への対応の視点が置かれているのです。

この「人代」の転換を計るには、人間の命についての認識の転換が、基本的なことである、と金光大神さまは考えられていたようです。新『金光教教典』のご理解を引用しましょう。

夫婦の間に人知れず子供を授けて下さり、魂をお与え下さるのは、神からのお種おろしである。肉体の方は地からお授け下さってある。御霊《みたま》は天地の神様からお与えくださって、人知れず母の胎内に宿り、五体が調って生まれ出るのである。（理Ⅱ・市光13）

人はどうして生まれるのかにつき、「人知れず子供を授けて下さり」、「人知れず母の胎内に宿り」など、「人知れず」という言葉に表れているように、見えない世界に思いを馳せておられるのです。

「種おろしという」という、農民が穀物の種を田へ植える、という見える世界の事象をもって、見えない世界を譬《たと》え、了解するよう誘っておられるのです。さらにもう一箇条、伝承された金光大神さまのご理解の言葉を引用させてもらいましょう。

天と地の間に人間があります。すなわち、天は父、地は母であります。人間、また草木など、みな天の恵みを受けて、地上に生きているのである。それゆえ、天は父親、地は母親のごとくであります。（理Ⅰ・石銀1）

「人間、また草木など、みな天の恵みを受けて、地上に生きる」とあるように、金光大神さまは、天地を人間その他の動植物、すべて命あるものの親として見つめられ、天地の懐の中にありながら、そのことを知らず、天地に背を向けて勝手な動きをしている人間に、自覚を促されるのです。人間は、動物たちとは違って、文化や文明を開く力を天地から与えられてはいますが、基本的、根本的に人間の命は、草木、魚や鳥、動物たちと一緒に、天地の間に生かされて生きているのです。
そのことを了解せず、理解せず、あるいは無視して築き上げられていく「人代」

を大転換するために、人間の心に届くよう、さまざまな言葉で、さまざまな比喩で説き続けていく、神の「差し向け」としてのお役目は、述べてきたように年とともに、大きく重くなっていくのです。

筆者のいる出雲地方は、神々さまが他地方より多いようです。他では、十月を神無月と呼びますが、出雲地方では、神さまが寄って来られるから、神在月と言う、そのことは周知のことでしょう。あるお年寄りから、伺った面白い伝承があります。

「神さまが寄り集まって会議をなさる。すべてが終わってお帰りになる前に、神々が宴会をなさるそうです。宴会の邪魔にならぬよう、人間どもは静かに物音を立てずに過ごさねばなりません。中には、その夜は酔っぱらって、街中をうろつき回る神さまもおられる。酔いに任せて、便所へ侵入して、女性のお尻をさわる神さまもおられるから、出雲地方の女性は、便所に行く時には、神さまが来ないように、ろうそくを持って入らなければならない」

という伝承があるそうです。こうなると、神々はもはや神聖な神々ではなくて、人々の世に染まって、迷惑防止条例で逮捕監禁、罰せられる神さまになってしまわれます。

しかし、金光大神さまが、神さまから指示された「神代」は、日本古来からの、この伝承にも伺えるような「神代」という観念と、まったく無関係のものとは思われません。戦争中の神国観念に繋がるものとしてではなく、日本の庶民が、遠い先祖の昔へ思いを寄せ、懐かしむ、「神代」のイメージの痕跡を残しながらの言葉であろうか、と思うのです。

つまり、人が神として、神がまた人として生きられ、交わり合える世界、そういう世界と時代を、信心が目的とすべき「神代」と名付け、天地の親神さまは、金光大神さまがその実現に努めるべきものとして、提示されたのではないでしょうか。

「人を一人助ければ、一人の神である。十人助ければ、十人の神である」（理Ⅱ・白新1）

という教え、あるいは「生神」という言葉とも脈略を同じくして、人間は神を現し、神になることのできる命である、そのような命の共同体が「神代」を形成する、ということになります。

「人代」を「神代」に転換する役割が、金光大神さまのもとで受け取られ、覚悟されていく頃は、先に述べたように、金光大神さまのお体は、かなり衰弱していく方向を示し、そうして翌明治十四年（1881）には、「虫」が入ったと神が告げる、そのような身体の状況の中でのお役目提示、お役割確認でありました。

年々、体は老化し衰え、「虫」が入って、もうすぐ死なねばならぬ人に、なぜこんな大役を神さまは申し付けられるのか、無茶ではないか、ひどいではないかと思うのが、普通の人間の思いではないでしょうか。

また、神さまが本当に親なら、体が病気で弱ってきているから、一切の役目から離れて、湯治場で養生に専念してよい、胃腸が悪いなら村内を散歩し、気分がよい時は草花の手入れでもせよ、という気配りをして当然ではないかなど、私たち人間同士の間柄なら思うことになりましょう。

ところが、神さまと金光大神の関係では、そのようには動かなかったのです。人間の世界全体が「人代」になっている、それを「神代」になるように教える、その役割が、「虫」が入り、死の時の到来を数え、死が迫りつつある人に課せられ、そしてその人がその役割遂行に決意なさるのであります。あらかじめ、心得ておられたと思われる死の時の一年前、その人は、また、引き受けた役割の線に沿う、「お知らせ」を、

天地の間《あい》のおかげを知った者なし。おいおい三千世界、日天四の照らす下、万国まで残りなく金光大神でき、おかげ知らせいたしてやる。（覚帳・26-22-3）

と、記しておられるのです。それは、明治十五年（1882）旧十月十四日のことです。金光大神が心に止められていたその日は、翌十六年（1883）旧九月十日でありました。あと一年、この一年の間にできることは何かと考えるのが、死を目前にしての人間が考えることではないでしょうか。ところが、「差し向け」る神がお働きになり、

そしてそうとしての命を生きる金光大神さまは、「天地の間におかげ」を世界中に知らすために生きる、と決意されていくのです。または、その役割存在を担う者を三千世界、つまり世界中へ送り出す、と決意されるのです。

体が次第に衰え、体調を悪くし、言い伝えによると、最晩年はお結界へ立って行かれることができなかった。四つん這いになっても、お結界に出ておられたという、そういう憐れな老人の姿の許へ、天地金乃神さまは、世界人類を助ける重大なお役目の確認を迫られ、実現のためのお働きを、ご依頼になるのです。それを、金光大神さまは本気になってうけられ、神の「差し向け」としてのご用を、まっとうしていこうとされるのです。正気ではありません。そんなに体が弱られているのなら、人を助けるお結界の責任を、人にお任せになったらいいではないか、と思いませんか。

姿や形が見えないものから、命じられた約束を受け取った者は、その役目を人に任すわけにはいかない、というところがあります。これは、宗教家だけではなく、芸術家でもそうです。美というものに魅せられた芸術家は、その美に奉仕するために、美に仕えるために命を捧げまっとうする。また、真理に誘われた哲学者は、その真理に奉仕し、自分の体がどうなるかわからないということでも、真理に奉仕し尽くす、ということがあります。

大学時代に勉強し、卒論のテーマにしたニーチェは、気が狂い、体がぼろぼろになってもなお、真実を求めることを止めませんでした。また、以下は筆者の耳学問ですが、ベートーベンは、耳が聞こえなくなってからでも、オーケストラの指揮をした、と言われています。耳が聞こえなくて、どのようにして指揮ができたのでしょうか。オーケストラの演奏者たちは、彼の耳が聞こえないのを知って、指揮棒の動きに関わらずに、曲を演奏したそうです。ベートーベンは、そのオーケストラの演奏が終わったのを知らずに、指揮棒を振っていたという逸話が残っています。

神仏はもちろんですが、美だとか、真実だとか、真理だとか、見えない形のないものに心身を預けたり、魅せられたりした人間は、自身が担うその役目を、人に委ね任せるわけにはいかないものがあるのです。

金光大神さまにも、晩年には佐藤範雄だとか、近藤藤守だとか、白神新一郎だとか、その他、直信と後世に呼ばれる弟子が多くおられました。政府の方針との関係で、布教困難な中にも、各地の弟子たちが、人助けのご用に立っていたのです。だから、もう、そうした弟子たちにお任せになっていいのではないか、と傍からは助言もできるでしょう。そうしたお弟子さんたちに任すには、力がない、才能がない、信心が足らないなどということはなかったのです。

しかしながら、「差し向け」としてのお役目を申しつかったのは、他でもない自分である。その「私」が、「差し向け」として生きている限りは、それをまっとうせざるを得ないという思いになることは、避けられないことではないでしょうか。どうしても他に任すことはできない、主体的に拝受し通していかねばならないものがあるのです。

その見えないもの、神さまとのお約束を、金光大神さまは果たしていこうと一途に生きられたのです。弟子たちは弟子たちのこと、金光大神は、「差し向け」られた金光大神として、最後まで生き切ろうとされたのであります。

体調が乱れ、体力の衰えを感じながらも、ご晩年は神さまとのお約束、神さまからうけられたご使命、つまり人が助かることへ、思いをひたすら向けられて、お取次をし続けていかれたのです。そして、目指すべきは、世界人類の助かりです。「人代」を「神代」に転換するというお役目を果たすについては、だんだんと衰えていく形ある体に、こだわることはできなくなってこられたのでしょうか。

佐藤範雄は、次のような伝えをしています。

明治十六年正月元旦のご祈念に、

「本年、金光大神の身に虫入りたり」

とあり、夏となりては、なんとのうお元気なく拝せられ、七月十七日、「金光様、いつまでお生きなされて人を助けなされますか」と伺いしに、

「いつまでもと思うが、肉体を持っておれば痛いかゆいこともあり、本当に人を助けることもできないように思う」

と仰せらる。教祖ご晩年の御徳進み、広く人を助けることは体ありては思うように神徳広まらぬとのご神意と拝し奉らる。（理Ⅲ・内伝13－13）

身近な人々や弟子たち側の人々は、金光大神さまの衰えを目の当たりにして、いろいろ心配をされていました。そのような状況の中での問答の一つとして、「いつまで生きるか」という、若者の老人に対する、まったく不躾《ぶしつけ》な質問ではあるけれども、頷《うなず》ける問いです。

この体があっては、人を助けることはできない、という金光大神さまの弱音と言えば弱音が見え隠れしています。しかし、自身の姿形を超えて、なお人を助けずにはおられない、との「差し向け」としての働きを、ご確認になる強気もまた、伺えるのです。

神さまからの「差し向け」としてのお役目を、まっとうしようとされる金光大神さまのご姿勢は、他の伝承にも伺うことができます。

明治十六年八月頃、尾道に船をつないで金光様のみ前に参上した。その時、金光様は、やさしく数々のみ教えを下された後、

「周防《すおう》の国の氏子唐樋常蔵《からひつねぞう》、此方金光大神は百日の修行が足れば神になるのぞ。西三十三か国は、その方らに頼むぞ」

と仰せられた。

そのお言葉に胸迫り、「金光様、あなたがお隠れになりましたら、この道はどうなりましょうか」と思わず知らずお伺い申した。すると、

「氏子、心配することはない。形を隠すだけである。肉体があれば、世上の氏子が難儀するのを見るのが苦しい。体がなくなれば、願う所に行って氏子を助けてやる」

と仰せられた。（理Ⅱ・唐常4）

声をひそめて、

「月も雲に隠れることがあろう。隠れても月は雲の上にある。此方とて生身であるから、やがては身を隠す時が来る。形がなくなっても、どこへ行くのでもない。金光大神は永世生き通しである。形のあるなしに心を迷わさず、真《まこと》一心の信心を立てぬけ。美しい花を咲かせ、よい実を結ばせて下さる」と仰せられた。思いがけないお言葉に、思わず身をのり出して、「それはいつのことでございますか」とお伺いすると、

「此方はどこへも知らせないが、真ある者には神様がお知らせになろう。凧《たこ》の糸を引くようにな」

と仰せられた。（理Ⅱ・福儀22）

死んでからもなお、「人助けする」という願いというか、決意というべきか、そうした思いは、受け継がれて伝えられ、後世の取次者たちにも伺うことができます。いろいろな言葉や姿がありますが、典型例を一つ紹介しておきましょう。四国の愛媛県に川上教会があります。その初代の越智常太郎（1879～1945）師の弟

子が伝えられたことですが、師は亡くなる前、しばしば次のようなことを、語っておられたそうです。

「わしは、皆に、この肉や骨を裂いてやりたい。おまえたちは、それを取って食え」と、言われていたようです。さらに、夫人のふささんには、亡くなる前に、「もし、俺が死んだら、どうぞと頼む信者には、教祖様のお膝元で一心に願うてやる、と皆んなに伝えてくれ」という言葉を残されたとのことです。またある取次者は、「自分が死んだら、お広前の畳の下の土の中に埋めて欲しい。そこから、人の助かりを願うから」と、おっしゃって亡くなった方もあります。

姿形が崩れつつあっても、また例え姿形が消えてしまっても、神の差し向けとして、人を助けずにはおれない、人の助かることをするという決意に、別の表現で言えば、体の奥底から湧き出る願いに、命を預けたのが、直信、先覚などが指標とした金光大神さま、その人でありました。

四．身代わりということ

その人を世に差し向けた神さまは、終末を迎えてなお、這いながらでも取次の座へと向かわれる命に、どのように対応されていくのでしょうか。金光大神さまが記されてきた『覚帳』の最後の段落は、明治十六年（1883）八月のことです。

二十一日早々お知らせ。今明日、飯、茶も食べず。菓子、水だけ。人民のため、大願の氏子助けるため、身代わりに神がさする、金光大神ひれいのため。（覚帳・27－15）

筆者は、このお知らせをうけられた意味について、既述した新『金光教教典』が公刊される前年に行われた教会長信行会での講話の節、次のように述べました。

「神さまからすれば、安政四年、香取繁右衛門さまを通して、金光大神さまとの関係が結ばれ、神が神として世に現われ、人が人として助かるようになった、関係の動きとその道筋についての総決算のお言葉であります」

「また、金光大神さまからすれば、七十年の生涯、とりわけ、取次に専念されてよりの生の軌跡の全体的意義を銘記せしめられるお知らせでもありましょう」

「本教信奉者にとっては、教祖さまと仰ぐお方が、どのように生き抜かれたか、そして死を迎えられたか、また、信奉者はどのように生き、そして死を迎えるかを、深く示唆するお知らせとも受け取らされています」

と、神さま、金光大神さま、そして、われわれ信奉者、三者にとっての意味を、このように抑えさせてもらいました。今、読み返してみても、その通りであろう、と考えます。問題は、お知らせのお言葉の意味を、どう解釈するか、ということです。

この「身代わり」のお知らせに初めて接した時、教務教政当局の人々も、『覚帳』の解読に当たった研究者も、驚きを隠せませんでした。それまで、本教の教義の中に、「犠牲」、「身代わり」という概念は、正直なかったところからでした。

もちろん、上述させてもらったように、わが身を犠牲にしても、人を助けるという信仰実践の姿は、伝統的にあることは事実なのですが、それが、教義としては提示されてこなかったのです。

そこで、キリスト教のような「犠牲」の信仰観念は、本教にはなじまないから、このお知らせは公表すべきではない、という極端な意見まで出る始末でした。今日でも影響力を保持している有力な解釈は、金光大神さまが、亡くなられて後も、天地の親神さまの身代わりとしてお働きになる、という「神の身代わり」、という解釈でした。

もう一つ奇抜な解釈は、金光大神さまは、身を変わられて神となられる、つまり、「身代わり」でなく、「身変わり」と表記すべきである、という解釈もありました。ここで詳述することはできませんが、この説は、金光大神さまの言葉の用法から外れることになります。

天地の親神さまの「身代わり」としてお働きになる、という解釈はどうでしょうか。金光大神さまが、神さまからの「差し向け」として道を説き、取次の働きをされて、人を助けるというご用が始まった時から、つまり生前も、神さまの権化、権現として生き通されていることは言うまでもありません。改めて死によって、神さまの代りに、というのはどうでしょうか。それでは、生前のお取次のお働きは何であられたのか、ということになります。

それに、「神の身代わり」がお働きになるとすると、神さまご自身は、御霊としての金光大神さまに限定的に包摂《ほうせつ》されることになり、天地金乃神さまの無限のお力にあふれる姿が消えてしまうことになります。「神の身代わり」ということは、考えられないのです。

「身代わり」に、さらに思いをいたす前に、「人民のため、大願の氏子助けるため」という句について、一言述べておきましょう。「人民」とは明治時代に〝people〟の訳語として使われるようになったと聞いており、一般大衆、人々のことを言い当てた言葉でしょう。

「大願の氏子」については、かつての教会長信行会（1982）の筆者の講話では、「金光大神の一乃弟子という意味での出社の人々」と話しました。それと同じ意味合いから、典籍編修室長であられた、高橋一邦師も、その著書『神と人　金光教祖略伝』（1982年刊）で、「世の多くの難儀な人を救い助けようとの大願に生きる者ら」と、述べておられます。筆者は、その後「大願の氏子」を、そのように特別な人々と考える、と並べて記されてある、ありとある人を指す、総括的な「人民」という言葉との関連性が、しっくりこないことを感じていました。

その後、金光大神さまの残された『御祈念帳』などの「大願」という言葉の用例の検討から、取次に従事する人だとか、信心の篤い金光大神さまの弟子など、限定された小数の人々を指すのではないことが、明らかになってきました。願いは、小さくても大きくても、救い助けて欲しいことに変わりなく、『御祈念帳』などには「大願」として、記してある場合があるのです。

指先が痛いというのも大願。些細な願い事にも「大願」と、書かれています。

いわば、神さまにとっても、必死で願う人間にとっても、願いは、大切な必死の願い、即ち大願なのです。そうした用いられ方からすると、信心の篤い選ばれた人々を指すのではなく、救われたいと神に願う人々のために、と解釈しなければならないことに気付きました。そうとすると、「人民のため、大願の氏子助けるため」というのは、天が下、地の上に生きるすべての人々、とりわけ難儀から助かりたいと願う人々のために、と解釈すべきである、ということになります。

さて、「身代わり」という言葉を、金光大神さまはどのような意味でお使いになっていたか、ということです。新『金光教教典』の『覚帳』では、他に二箇所使用例があります。

世話方保平まいり、すすめ。同人、身代わりに立ちて、あなたにご難はかけ申さず。（覚帳・17－8）

金光桜丸、父三十三歳厄晴れ、父の身代わりに立ち。（覚帳・25－23）

金光大神広前のお世話をしていた川手保平（1822～1890）さん、今で言うと教会の責任役員、または信徒総代の一人が、金光大神さまが、もし罪にとわれるなら、その罪は自分が代わりに受けましょうという、この語の用いられ方が前者、後者は、桜丸（萩雄の長男）が夭折したのは、父の厄年に、父がうけるべき難儀を代りに背負うての死である、という語の用法です。前者は世話方の発言、後者はお知らせの言葉として、記されています。『金光教教典』の御理解集には、

余、この時、身代わりに立って病人を助けてやらねば、世間への面目がないと思いつめ——（理Ⅰ・佐範7）

まあ、不幸中の幸いと思い、あなたの身代わりに家内が立たれたと思ってはどうか。（理Ⅱ・吉良3）

ご信心しておるのに死んだりすると、おかげがなかったと言うて、信心をやめる者があるが、信心しても死ぬる者は、うちの者の身代わりになっておることがあるから、後々の者がご信心して達者で繁盛せぬと、せっかくの身代わりになった者を犬死にをさしたことになり、なお不幸せが続くことがある

ぞ。（理Ⅲ・尋求36）

などの用例が見られます。金光大神さまの記されたもの、語られた言葉、そして御理解伝承者が用いたもの、いずれも、「身代わり」という語は、最近のゲーム用語に使われる「アバター」などと言われる単なる、AからBへと姿を変える代理、化身の意味ではなく、犠牲という重いニュアンスを含んで、Aの罪、苦悩、難儀を解消、救済するために、BがAのマイナス要素を担うという意味をもって、用いられているのです。

端的にいうと、「身代わり」というのは、誰かのための犠牲となるという言葉です。それは、「人身御供」などと関連して、日本の古くからの精神文化、信仰の中に生き続けてきた言葉でもあります。誰かのために、あるいは公共の利益のために、自分を犠牲にするという場合などに使われてきた言葉です。

金光教には、身代わりの信仰はないということを、強く主張する人もいますが、もしそうだとすると、金光大神さまに見習い、難儀な人々が助かるために、という願いに生き切った直信、先覚、先輩のご姿勢は何であったのか、ということになります。

キリスト教に、人類の原罪を解くために、イエス・キリストが十字架にかかった、という信仰があります。これも、犠牲です。そのキリスト教に似てくるから、と意見を言った人もありますが、似たらいけないのかということです。どの宗教でも、宗派であっても、人が助かるということを、基本に置くものであってみれば、表現や実現方法などはいろいろ違ってきても、どこか似るのは当然のこと、と考えねばなりません。

「身代わりに神がさする」と、お知らせは記されています。これは、言葉通りに受け取るべきです。神さまは、人間の苦しみを引き受け、共感的に苦しまれるということはあるけれど、神さまご自身には、身代わりになってもらうべき理由である、難儀、罪や穢《けが》れなどないのです。

人の助かりを願い通してきて、世界人類の助かりへと神さまが、そのお役目を広げられ、それを金光大神さまが受け止められ、力を尽くされていくが、形ある肉体、限りある命が、お役目の遂行には妨げになってしまう。そうかといって、姿、形ある命であるからこそ、この世への「差し向け」としての役目を担っていくことができるのではないか。金光大神さまの最晩年は、このようなジレンマに直面されつつの日々であったのでしょう。そこで、神さまのお立場から、ジレンマの出口を、「身代わり」という新たなるお役目で、提示されたのです。

さらに言い換えてみると、天地の親神さまは、金光大神さまに、「人民、大願の氏子など、今日、将来にわたり、人々の難儀を、その身にうける身代わりとして、姿、形ある現生の命を引き取る」という、いわば金光大神さまが死を迎えるについての担保を、示されたのです。形あるものとして、限りある「差し向け」としての生きた姿をなくすこと、つまりその死により、将来にかけて、人々は、助けられていくことになる、と金光大神さまが安堵されるよう、お知らせになったのではないでしょうか。形あるものとしての役目である「差し向け」から、形のないものとしての役目である「身代わり」へということです。
それまでも、
「形がなくなってからは、来てくれと言う所へ、すぐに行ってやる」（理Ⅱ・難波なみ9）
と、人助けへの深い願いを吐露されていた教祖金光大神さまでありましたから、「身代わり」とするという、神さまのお言葉によって、どれほど、胸をなでおろされたことか、と察します。
教祖金光大神さまは、常々、ご自身の信心の道は、自分だけに特別に開かれた道ではなく、
「此方がおかげの受けはじめである。皆もそのとおりにおかげが受けられるぞ」（理Ⅲ・教理18）
と、言われている通り、ご信心に導かれる者皆が、おかげをうけられる指標として、ご自覚になってきたことは、改めて言うまでもありません。そのことからす

れば、この「身代わり」のお知らせは、人とある人、すべての死が、金光大神さまに従い、そのご信心をならうことで、意味ある満たされた死、つまり「身代わり」の死となる、と受け止めてはどうでしょうか。歴史上、伝承されてきた「身代わり」信仰や観念が、金光大神さまのご信心によって、生き返り、そしてより深く意味付けされ広げられて、私どもに手渡されたのであります。キリスト教では、イエス一人が全人類の原罪が許されるために、犠牲となったとすれば、金光教では、金光大神の生死を範として、一人ひとりがその命を世界中の人々の難儀が助かるために、「差し向け」として生き、「身代わり」として死を迎えるということになります。

教祖金光大神さまは、自身の肉体の衰え、家庭の難儀は言うまでもなく、広前に参ってくる人々の問題、さらに世界の人々の苦難を一身に背負いつつ、死、その時を迎えられたのでした。姿形を持つ生きた神、「差し向け」としての役目の終わりは、姿形を離れての救済の命、「身代わり」としての始まりとなったのです。

金光教の教義構造の外にあった「身代わり」に関わる日本の、いや世界的な伝統、伝承、そしてそれに関わる信仰を、改めて重く受け止めるべく、新『金光教教典』全体から、いや金光大神さまのご信心、ご生涯から、私どもは迫られているのではないでしょうか。

人すべて、特に金光大神さまがお示し下さったご信心を頂く信奉者として、何のために命を運んでいるのかを、教祖金光大神の命を通して、神さまが示して下さっているのでしょう。金光大神さまの死を前にしてのご姿勢、決意との関わりで、神さまが対応された結果、生と死の重い意味を、真実そうありたい生死の意味を、私どもに遺されたことと受け取るべき、と考えています。

前述した、昭和五十七年（1982）の教会長信行会の何回目かの話の後、ある老人から、「自分は、教祖がさまざまな問題を抱えたままで晩年を迎え、家族のことさえ解決を見ずに亡くなられたということは、どうしても信じられない。教祖さまは、渡辺霞亭《わたなべかてい》の書にあるように、信心の悟りの中で、『ああ心やすし』とお亡くなりになった、と信じている」と、その気持ちを、筆者に伝えられことがありました。渡辺霞亭の書というのは、戦前、教義講究所（現学院）の教祖伝記の教科書としても用いられた、大阪朝日新聞社社会課長の渡辺霞亭の著書で、大正元年（1912）に、教外で出版されたものです。

新たに、新『金光教教典』に含まれる金光大神の書かれた内容が、どうしても信じられないで、教外者、渡辺霞亭の書いたものの方を信じたい、と言われたのでした。筆者は、驚きとともに、その方の気持ちを知りたいと思い、霞亭の書物を改めて読んでみました。

二、三の言行伝承を下敷きにして、作者の想像力を働かせて描かれたものです。ここには宗教者の死に対して、人々が抱く憧れにも似た心情が、作者の筆の力によって結晶している、と考えられます。『覚書』も『覚帳』も公にされていない頃、こうした伝記が金光大神に、教祖さま、生神さまと慕う人々の心を捉え、教祖像をふくらませたことは了解できるのです。

「心安し」と満ち足りて安心して死ぬということは、人間として誰しもの願いとするところであり、金光大神さまが、それを実現されたということになりますと、教祖さまとして崇める気持ちは、一層募ることでありましょう。

しかし、病に身を蝕《むしば》まれ、自身の身の痛みに苦しみつつ、それでもなお、家族の者の助からなさを、自身の責めとして負い、人々と社会、世界の難儀に心を痛められてきた姿で、死の時を迎えるということも、また宗教者としての偉大な死の姿ではないか、とも思うのですがどうでしょうか。

世界の宗教界でも稀有な、教祖さま自身の生涯を記された書物、自伝を教義の所依とすることができた限り、私どもは、もはや「処女懐胎」や、「天上天下唯我独尊」などにならって、金光大神さまの生と死を美化することはできません。「心安し」という安心立命の死も、描き出すことはできません。

私どもの教祖金光大神さまは、難儀に囲まれて、苦しみに囲まれて、その苦しみや難儀を、わが身に引き受けて、その形ある命を天地金乃神さまへお返しになったのです。

新たなる金光教の力あるご信心の道を開く扉が、「人民のため、大願の氏子助けるため、身代わりに神がさする、金光大神ひれいのため」という、最後のお知らせの中に隠れている、と私は思うのです。

金光大神さまが、書き留められたお知らせの中には、大切なお知らせがいろいろあります。「立教神伝」もありますし、「天地神伝」と言われるご神伝もあります。人の「死」という厳粛な事柄に関わる、この「身代わり」のお知らせは、争いに明け暮れている、地球に住まう私たち人類の命に、新しい視野を開くものとして、金光大神さまがうけて下さったご神伝である、と思います。金光教の信奉者だけのものでなく、人類全体、一人ひとりへの、金光大神さまを通して、天地金乃神さまが提示された「いのち」の指標であると、思念させられています。

第三章　人類の遺産へ――『金光教教典』英訳の軌跡

かつてハワイ大学で英語教授をしておられた、デイブ・バウムガートナー氏から、筆者が北堀教会赴任当初のこと、手紙を頂きました。この方は、日本からハワイセンターに派遣されて来る職員が、縁あって英語のレッスンをうけていた教授でした。その手紙の文面に、

「金光教の人たちからの授業料を当てにして、教えてきたのではない。お金では、計れない大切なことを、金光教の人々から教えてもらったから、教え続けられた。彼らは皆、人の苦しみや難儀を助けることを、しっかりと自分の心に刻み込んで行為したり、発言したりしている。その姿に私は感銘をうけた。これまでの悩みが解け、英語教育を通して、人々が助かる働きをしていきたい、と願うようになった。その願いが実現できる独自な英語学校の創設を今、自分の夢としている」というありがたいものでありました。

ハワイセンター在職中、このデイブ先生に、英語の五分冊で刊行された『金光教教典』を、差し上げたことがあります。それを読まれた先生が、「金光教は、

すばらしい書物を持っている。どうして、この書物をもっと世界へ向けて、売り出し、布教しないのか。この書物は、バイブルやコーランとともに、人類の偉大な精神的遺産である。ことによると、バイブルよりも内容が濃いのではないか、とも思う」ということを、ハワイセンターの職員を前に、熱く語って下さったことがあります。

筆者は、この書物の編修、そして英訳に関係し続けてきた者として、先生が、人類の偉大な精神的遺産として、世界へ向けての出版を、と言われるほどの書物である、とはまだ思っていなかったのでした。そのようになるには、まだまだ、工夫すべき編修上の課題がある、と考えていました。しかし、このまだ途上であると思われる段階で「人類の遺産」と、金光教以外の人から言われ、教典編修に携わらせてもらった者として、反省もさせられ、改めて「万国まで金光大神でき」と願われる親神さまの思いを、確認させられたことでした。

金光大神さまが、自らおかげを頂いてきた信心の道をもって、世界中で難儀をしている人々を助けたい、それが金光大神さまの切なる願いでありました。人々の難儀の「身代わり」ともなって、金光大神さまは、この書を遺して下さいました。金光大神さまのその願いは、口から口へ、そして、書いた物、書物を持って伝えられ、金光大神没後、一世紀余を経て、日本全国は言うに及ばず、近隣諸地域、ハワイ、アメリカ本土、そして遠くブラジル、パラグアイなどへ、と伝えられていきました。しかし、まだその広がりは、日本語の世界からであって、現地の言葉から沸き立っていったものではありませんでした。

世界へ向けて道を伝える動きの中で、教団としてなすべき重要な責務の一つとして考えられるのが、本教教義の所依である、金光大神さまの信心の世界を、言葉で表した新『金光教教典』を、日本語の枠から開放する、つまり、外国語の世界に譲り渡すという役目であります。

金光大神さまの信仰・思想についての言語表現を、日本語という枠の中に止めて、それを理解できる人々だけのものに限定していては、「世界を助けに出ておるのぞ」（理I・市二73-2）との金光大神の自己確認も、無意味になってしまうでしょう。金光大神の信仰と思想が人類全体の心の糧となり、命の養いとなるため、つまり世界の文化遺産となるためには、新『金光教教典』の外国語訳は、必須のことであります。

そのための第一歩として、教団として取り組んできたのが、英語に移していく英訳作業でありました。世界中多種多様にある言語の中で、比較的広く用いられている英語に、この書を移し変えることは、他の言語世界への翻訳可能性を開くことにもなるということでもあるのです。ごく隣の国々の言葉、ロシア語はなおさらのこと、韓国語、台湾語、中国語にしても、英語を通しての移し変えの方が、日本語からより容易である、と言われているのです。

上記のような願いをもって、教学研究所の研修の一環として、北米からの研究生や研修生を迎えて、金光大神の教語の英語への翻訳が手がけられ、続けられていくうちに、その英訳作業は当局が認めることとなり、本部教庁、後に国際センターが、教学研究所で行われてきた翻訳成果を引き継ぎ、その後の校閲作業と印刷、出版のことを進めることとなっていったのでした。

顧みますと、昭和六十二年（1987）には『御理解集』一類と二類〝KYOTEN GORIKAI I&II〟、平成元年（1989）には『覚書』〝KYOTEN KONKO DAIJIN OBOEGAKI〟が、平成五年（1993）には『御理解集』三類〝KYOTEN GORIKAI III〟が、それぞれ刊行されました。日本語の文体や内容から、最も翻訳作業が難行した『覚帳』〝KYOTEN KONKO DAIJIN OSHIRASE GOTO OBOECHO〟も、平成七年（1995）師走に翻訳を終了し、翌年三月刊行されたのでした。こうして、英訳『金光教教典』は五分冊の形で、刊行されたのです。

多くの人々の協力を文字に留め、長年にわたる翻訳作業の歴史を顧み、その足跡を記し、今後の課題を確認しておきたいと思い、以前筆者が、国際センター所長の時、本部当局に報告したものを元にして、改めて書き下ろし、教典物語の一つに加えました。

一・英訳された旧『金光教教典』

金光大神さまの教えが、英語に訳出され出版されたのは、平山文次郎（1880～1969）師が、北米ワシントン州シアトル市で布教を開始した、大正八年（1919）八月のことでありました。それには、〝The Sacred Scriptures of Konkokyo〟というタイトルが付されました。その原本となったのは、大正二年（1913）の教祖三十年記念大祭に出版された『金光教祖御理解』、いわゆる「御理解百節」でした。

この英訳『金光教教典』は、約半世紀後の昭和四十八年（1973）になって、新たに「海外布教文書作成委員会」（1971～1974）によって改訳され、「立教神伝」が加えられて出版されたのでした。この改訂出版は、北米教区からの「今日における英文教典の出版は、布教文書の原典的なものとして重大な意義を持つ」（『教報』昭和48年2月号）という、強い要請をうけてのことでありました。

さて、上記要請をうけた佐藤博敏内局は、「海外布教文書作成委員会」を設けて、改訳を進めることになったのでした。その時、委員として任命されたのは、金光平輝、山根清志、松田敬一、筆者の四名で、金光平輝現教主さまを除いて、他の三名はいずれも、シカゴ大学留学経験者でした。この委員会は、御伝記『金光大神』の素訳と並行して、先の英訳『金光教教典』の改定を行ったのでした。委員会は種々、検討を加え、改訂版を作成し、当局に課題とするところを添えて提出を終えました。

当局は、課題については今後のこととして、提出されたものをそのまま、海外からの要請に応える形で印刷出版したのでした。委員会で提示した課題について、記憶していることで大切なことは、改訂本とはいっても、日本人による英訳という限界から免れず、英語圏で育った人による再改訂の後、出版されることを期待する、という提示であったように思います。

改訳英文の旧『金光教教典』が出版された、昭和四十八年(1973)は、教祖九十年大祭が執行された年でありました。その年、北米参拝団に加わって来日した、マコト・露木氏（ロスアンゼルス教会教徒）が、教学研究所の海外特別研究生として、入所することになりました。彼の入所は、金光大神さまの教語類の英訳作業の開始を画す歴史的な出来事となったのでした。

二・研究資料『金光大神言行録』の英訳

教学研究所は、マコト・露木氏の来日の前年、昭和四十七年（1972）には、金光大神に関する伝承資料を、研究資料『金光大神言行録』Ⅰ～Ⅲ巻として編集し終えておりました。この資料編纂は、一章にも述べてきたように、旧『金光教教典』を廃して、新しい『金光教教典』の編纂に備えての慎重な作業でありました。マコト・露木氏は、その資料集の存在を知らされ、研究生期間中の主たる研修作業として、その翻訳を強く希望したのでした。

この資料集は、原資料が作成されたり、収集されたりした時点のままの文意文体を維持するように、資料批判作業を通して、再現、編纂されたものであったので、古い文体や、方言などを多く含んでおりました。タイプ印刷されたものですから、読みやすくなっているのですが、日本語の文章に不慣れな、日系二世のマコト・露木氏には、読解不可能なものであったことはいうまでもありません。

彼は、「北米には、英語で読める金光教の文書は皆無といってよく、二世、三世信奉者たちは、金光教の情報に飢えている。この資料集は、教祖さまに直接関わる資料であるので、全訳をしたい」との思いで、英訳作業を強く希望したのでした。そこで、教学研究所の所員であり、研究資料『金光大神言行録』の編纂にも携わっていた筆者は、彼に理解可能な現代の日本語で資料を読解し、説明しながら、英訳を助けることにしました。所内の研究者の協力も順次得られることになり、かなり早いペースで翻訳ができていきました。

思うにどのような分野の仕事であっても、後の歴史に影響を及ぼすような大仕事は、多くの人々の知識と忍耐を取り集めて成就することは言うまでもないのですが、始まりに当たっては、手がけようとする人の決断力と強い意志、完成への願いに負うことを忘れてはなりません。

北米の信奉者の間で、教祖と金光教の歴史などについての情報不足を痛感していたマコト・露木氏の熱意なしには、この困難な作業は始まらなかったであろうし、始めても続かなかった、と言えます。思えば、前述の「海外布教文書作成委員会」で、金光平輝現教主さまなどと、現地の若い人で翻訳に携わって下さる人が生まれないものか、と語り合っていた願いを、神さまがお聞き届けになり、日系二世であるマコト・露木氏を差し向けて下さった、としか思えない動きが始められたのでした。

この翻訳作業を開始してわずか五ヵ月後、つまり昭和四十九年（1974）三月、マコト・露木氏は、研究資料『金光大神言行録』のご理解の言葉を、ほぼ網羅した英訳を、研究生期間の研修成果として、二分冊にまとめて、時の内田教学研究所長あてに、提出したのでした。それらは、

1. The Philosophy of Konkokyo……An Excerpt Based on GENKO ROKU
2. Konko Daijin's View of Women……Konko Daijin's View of Women and other Teachings related to Konko Daijin and His Family

前者は日本語に直すと、「金光教の思想……言行録からの抜粋」ということで、金光大神の事跡を外して、ご理解の言葉を選び出し、英訳したものです。後者は、「金光大神の女性観……金光大神の女性観と、金光大神の家族に関する理解」となります。この英訳成果が、十年余り経過した昭和六十年(1985)、教務当局が新『金光教教典』英訳作成を決断するに至る主要な材料の一つとなったことは、銘記すべきことであります。

三．新『金光教教典』の編纂前後の動き

新『金光教教典』出版の前年、記述したように、全教会長を対象にして「教会

長信行会」が開かれ、教祖さまご晩年のご信心を、新『金光教教典』の紹介を兼ねて、筆者が講話させてもらいました。その講話と同じ内容の話を、北米教区でするように、との当局の要請をうけ、新『金光教教典』公刊の直前、昭和五十八年（1983）八月十二日、筆者はカリフォルニア州ヨセミテ公園に参集した、北米の信奉者に対して、英語で講演させてもらいました。その会合を通して、日本語を理解できない若い人々によって、近い将来、北米の金光教が支えられねばならない状況を目の当たりにし、是非、新『金光教教典』の英語版の作成を教団としてなさねばならないことを痛感し、本部当局に対し、急いで英語版『金光教教典』出版作業を進める要請をされるように、北米教区関係者に提言させてもらいました。

当然のことながら、その頃、まだ新『金光教教典』の全貌をアメリカでは知る教師も信徒たちもおらず、旧『金光教教典』の改訂されたもの程度にしか考えられていなかったようです。またその時、マコト・露木氏が研究資料『金光大神言行録』を英訳していることを知る人は、ごく限られていました。

そのような情報不足の状況から、北米の教師たちの間では、「英訳委員会」のようなものを北米教区で作って、日本の本部教庁に頼らず、北米の若い信奉者らに依頼して、英訳作業すればよい」という意見が、主流をなしていました。新しい『金光教教典』の内容が、どのような大部のものか知らされていないということに加えて、これまでの本部当局が出してきた、英文パンフレット類の和製英語に対する不信不満から、本部に任すと生きた英語にならない、という先入観が強く、北米教区内部で作成する、という提示がなされたものと感じられました。

筆者は、新『金光教教典』は大部であり、『覚帳』なども含まれていて、たとえ北米の日本から来た教師たちが、日本語の解読、解説という手助けをしても、若い二世、三世の人々による翻訳は不可能である、と説得に努めたことでした。

研究資料『金光大神言行録』の翻訳に、マコト・露木氏と携わってきた経験を顧みて、新『金光教教典』翻訳に当たっては、江戸時代から明治時代にかけての時代状況、それに加えて、日本の風俗・習慣・民間信仰・神道や仏教などの宗教事情についての知識の助けなしには、言葉の意味がとらえにくいこと、金光大神の生涯、信仰思想について、ある程度の全体構造を把握しておかないと、解釈に誤りが起きることなどが思われました。当時の北米の人材の状況からしても、新『金光教教典』翻訳は、本部当局が本腰を入れてすべきであって、北米教区単独ではできない、とカンファレンス出席を終えて、心定めをして、帰国後、当局に何かと、報告をしたのでした。

新『金光教教典』英訳の意義と基本姿勢については、北米出張を終えて、次のような考えに至ったのでした。―金光教の海外布教のために行うということは、第一義ではない。金光大神の信仰・思想を、世界の人々の心の糧として届ける、そのための一つの方途としての英訳作業、と考えるべきである。その成果が本教布教に役立てば何よりのこと。そのためには、本部当局は、北米、ハワイの教区事情に左右されるのではなく、当局の主体において、英文『金光教教典』の完成へ向けて、その財と人を投入すべきである。―このような思いに達し、帰国後、教学研究所のご用の中で、その実現のために努めることとなったのでした。

四・「御理解集」の英訳

昭和五十八年（1983）九月末に印刷製本された新しい『金光教教典』が、教祖百年大祭を期に、本教教義の所依として公刊され、旧『金光教教典』は廃棄されることになりました。このことは、北米、ハワイ教区の信奉者にとっては、用いられてきた、英訳『金光教教典』が、その存在根拠を失ったことになります。

教祖百年大祭への北米参拝団を迎え、本部当局は「教庁・北米教区関係者懇談会」を、新しくできた本部教庁会議室で開催しました。その会議で、北米教区から、公刊された『金光教教典』の「御理解集」から英訳し、布教材料として出版するように要望が出されました。当局は、前述のマコト・露木氏の英訳成果を把握していたところから、二年以内に出版できるよう努力する、と回答したのでした。

　前年に学院研修を経験し、北米参拝団に加わって再来日した、サンフランシスコ教会在籍の若人、リチャード・グレンジ（元北米センター長1997～2001）師は、教学研究所での研修を、十月三十一日から開始することになりました。教学研究所は、その研修内容に、新たに公刊された『金光教教典』の翻訳作業を課すことにしました。英訳の姿勢として、まずは日本文を正確に理解すること、それを直訳し、その上で、新たに英文として磨きをかけるという過程を踏むことを提起しました。日本語の原文理解も欠かせないので、そのような手順をとり、彼も了承したのでした。

　初めは、筆者との二人作業で、十一月一日から、週三回、半日の時間を翻訳作業に当てることにしました。最初の作業は、マコト・露木氏が、かつて教学研究所に提出した英訳研究資料『金光大神言行録』から、新『金光教教典』の二類の教語を選び出し、日本語の文章に則って検討し、改訳する作業を行いました。筆者は、二年前の昭和五十六年（1981）から、教学研究所の所長に就任していて、所長業務を持ちながら、彼の英訳検討作業を助けるのは、かなり困難ではありました。しかし、彼の精力的な、そして意欲的な努力があって、露木訳のうちから選び出した御理解二類の第一次英訳草稿は、翌昭和五十九年（1984）の三月には仕上げることができたのでした。

その年四月から、思いがけずポートランド教会在籍の大矢嘉《よみす》（現サクラメント教会長、元北米センター長 2001 ～ 2005、前ハワイセンター長 2009 ～ 2015）師が、リチャード・グレンジ師とともに、英訳作業に参加することとなったのです。英訳作業は、彼が加わることで急展開していったのでした。神さまのお計らいとしか思えない出来事が、翻訳作業に伴い、生起していったのでした。

埋ノ江信治《うずのえしんじ》（現ガーディナ教会長、元北米センター所長 1988 ～ 1997）師の紹介で、筆者はヨセミテ公園の会合でオレゴン州立大学工学部を卒業したばかりの、彼と初めて出会い、教団・信心・教学のことなど話し合うことがありました。

帰国後、彼のことはうかつにも忘れていたのでしたが、ヨセミテ公園で出遭ってから四ヵ月目の十二月、前ぶれもなく家族を連れて帰国し、筆者を教学研究所に訪ねて来たのでした。来年五月から学院へ入りたいので、学院へ入るまで本部機関で仕事をさせて頂きたい、と教学研究所長である筆者に、相談を持ちかけてきたのでした。

余りにも唐突でしたが、相談をうけて、筆者は当時の三矢田守秋教務部長に彼の頼みを伝えさせてもらいました。受け入れ不可能という部長からの返事を聞いて、彼は東京へ出て暫くアルバイトでもしているから、事情が変化すれば連絡して欲しい、と言い残して金光を立ち去ったのでした。

筆者は、彼を何とかしなければと思案した後、リチャード・グレンジ師と進めている『金光教教典』英訳の作業の現状を、三矢田教務部長に説明し、彼をその手伝いに加えたい意向を強く伝えるとともに、教学研究所にはその時点で採用枠がないので、教庁の「ご用奉仕」の枠を都合つけてもらえないか、と依頼しました。彼が金光を去って二日後のことですが、部長から、教務課ご用奉仕に採用して、教務を学ばせながらではあるが、英訳の作業に当たらしてよい、との返事を得ました。筆者は、昭和五十九年（1984）二月一日から出仕するように、彼の故郷である三重県の鳥羽の実家に電話を入れ、すでに東京に入ってバイト探しをしていた彼に、連絡を取ることができたのでした。

彼の金光生活、翻訳ご用は、このようにして始まったのでした。彼のその時の動きは、綱渡り状況といえば綱渡りそのものですが、何としても本教のご用に立ちたいという一心が、神さまに届き、そうして人と状況が願いに添って整っていく、という働きも生まれていったのでした。

昭和五十九年（1984）四月から、教学研究所の客殿一室にデスクを置き、彼はリチャード・グレンジ師と、筆者の英訳作業に参加することになったのでした。リチャード・グレンジ師とともに大矢嘉師は、ご理解伝承部分の『金光教教典』二類の、前述の露木訳に漏れたみ教えを選び出し、英訳する作業を始めたのでした。

主語や目的語などのあいまいさを許さない英語領域に、ご理解の言葉を近づけ、組み入れていくには、元の日本語文章の意味を損ねないようにしながら、何段階かの、文章構成・文章改作など、頭の中での作業が求められるのです。その作業をするについては、金光大神さまのことはもとより、日本の歴史・文化、風俗・習慣、方言の知識などがある程度頭に入っていなければなりません。筆者はもっぱら、そうしたものをもって、解釈上の示唆をし、また英訳されたものの、不適切な部分、誤訳の部分などのチェックに当たったのでした。

二人の懸命の作業で、早々とその夏、新『金光教教典』二類の全体素訳を完了させることができました。教学研究所は、昭和五十九年(1984)八月二十五日付けで、本部当局へ、『金光教教典』第二類全訳を、第一稿として提出することができました。

当時は、大久保義隆内局でした。内局の先生方と会合をもって、この素訳である二類の今後の印刷刊行までの扱いを、相談させてもらいました。

第一点、北米教務所への翻訳作業報告の必要性がある。

第二点、マコト・露木（当時ＬＡカレッジ米国史教授）氏ら、主たる北米信奉者たちの、第一稿についての検討を得た方がよい。

とりあえず、この二点の問題を解決するため、当局は、第一稿の検討をうけるため、リチャード・グレンジ師を半年余り帰国させることを決定されたのでした（1984・9〜1985・4）。

帰国して、彼は、精力的に二類の英訳原稿の検討をうけ、以後の翻訳のさまざまな糧を得て、予定通り出張を終え、検討をうけた英訳二類の内容を携えて、金光へ帰って来たのでした。

さて、当局としては、先に述べたように、北米教区の教師との懇談で、二年以内には布教文書として、何らかの形で英訳出版を考えると約束したこともあり、その後、出版に至る諸経費を、二、三社に打診することを始めていました。

リチャード・グレンジ師の帰米中、大矢嘉師は二類の作成した翻訳文から、日本語と訳語の対照表の作成に当たっていました。それは、次に開始する一類の翻訳作業を多少なりとも、スムーズに進めるための準備でありました。

リチャード・グレンジ師の出張が終わり、再びリチャード、大矢嘉、筆者の三人による作業が始められました。昭和六十年（1985）六月から、北米関係者の検討をうけた二類訳文の見直しと平行して、一類の翻訳にも取りかかりました。五ヵ月後の十月、新『金光教教典』二類の素訳を完了することができたのでした。

翻訳作業を進めている間、森忠彦教務部長、斎藤東洋男教務課長などと、筆者はしばしば懇談を重ね、『金光教教典』英訳についての考えを、理解してもらうとともに、出版に当たっては翻訳専門家によるリライトの必要性を、縷々説明させてもらいました。

英訳『金光教教典』出版のことが、公に本部の会議で論議されたのは、リチャード・グレンジ師、大矢嘉師、筆者による一類翻訳が、進行しつつあった、昭和六十年（1985）六月二十八、二十九日に開催された「海外布教に関する会議」のことでした。

　この会議は、「北米・ハワイ布教に関する本部の方針（1977年版）」の再検討を主とした会議ではありました。安田教監は、昭和五十二年（1977）に、北米、ハワイ教区の主体性を全面的に認めることを、当局通牒で示したのです。北米、ハワイ教区の現状から考えると、自立するには時期尚早と思われ、「五二通牒」はいわば、当局の海外布教についての無責任宣言、放置放任施策ではなかったか、という論議がこの会議でなされました。それに加えて、英訳『金光教教典』についても話題となりました。この会議で、教義の所依の訳本であるという重い意味からも、本部当局の主体において、新『金光教教典』を英訳し、出版すべきである、という了解に近づいたのでした。この会議での出席者は、谷口金一（1909～1994）、藤村真佐伎（1927～1992）、菊川洋一（1936～2017）、松田敬一、福山俊郎（1919～2007）、高橋行地郎、佐藤光俊（1949～2012）の各師と筆者、当局側は大久保義隆教監（1926～2014）、森忠彦教務部長（1925～2016）、他専掌、教務課員でした。

同じ年、昭和六十年（1985）九月五日には、新『金光教教典』の英訳が中心議題として開かれた会議がありました。「『金光教教典』英訳の進め方に関する会議」でした。あらかじめ教学研究所が提出していた素訳の一部を、当局が東京センターを介して、複数の翻訳関係の会社に文章リライトを依頼し、各社から提出されたリライト原稿を元に、英訳『金光教教典』出版の可能性と方途をさぐるという、かなり出版への具体的な方向を探る会議でありました。この会議には、松田敬一師、東京センターから田中元雄（元国際センター長 1997 ～ 2001）師、英訳担当の大矢嘉師、リチャード・グレンジ師と筆者、本部教庁側は、山根清志総務部長、森忠彦教務部長、教務課長、教務課員などが出席しておりました。

この時、東京布教センターを経て提出された素訳文についての各社のコメントは、「完成度は高く、教語の内容に立ち入って、リライトすることはかなり困難である」というものが主流でした。思うに宗教的、信仰に関わる文章について、宗教分野の訳者ならいざ知らず、いかに翻訳専門家といっても、意味、内容に関わってのリライトは、困難としか言いようがなかったことでしょう。

ちなみに、リライト依頼のために東京布教センターを経て、各会社に送付された、新『金光教教典』の英訳した教語のサンプルは、日本語での内容把握は、それなりの知識がないとでき難いもので、当然、英語に翻訳するのも困難であったサンプルでありました。一例をあげると、以下の日本文に英訳草稿を添えたものを提示しました。

京都は人多く、神多きなり。京都より丑寅は比叡山（天台宗総本山延暦寺）と改め、未申は八幡八幡（石清水八幡宮）と改め、ご信心あり。下（庶民）にあって、わけ知らずゆえ、ご無礼の段お知らせくだされ候。ご無礼なきようは、わが屋敷にて丑寅の方六間四面の社を改めおけば障りなし。未申の方も六間四面の社を改めおけば当たりなし。さもなくば是非におよばず。右改めれば屋敷なし。それでは、氏子、難儀となるからは、信心すれば使わしてやる。日々ご恩を忘れな。（理Ⅰ・市光3－2）

この文章は、『金光教教典』の中でも、日本語で理解するのも難しいものの一節でした。寺社のことや、民間信仰、金神信仰にまつわる暦のことなど、予備知識なしには理解できません。各社から返されたものには、ほとんどチェックが入っておらず、タイピングミスやスペルチェックの指摘が主たるものであり、ある意味では、翻訳専門家・監修者の選択の困難さを覚えました。

しかし、提出された各社のリライトの中に、一つだけ、注目させられたものがありました。新『金光教教典』の該当箇所の文意を、日本語で理解した上で、提示した素訳に手を入れ、翻訳したもので、明らかに宗教分野を理解し、日英両語が自在に使えるプロフェッショナルの手による、と考えられるリライトがありました。このリライトをした専門家なら、一度話を聞いてみたい、と参加メンバーの意見が一致しました。

五．『金光教教典』英訳検討会

その専門家は、ハワイ二世のフィルバート・法僧・斧という人でした。マウイ島カフルイ本願寺の僧侶の子弟で、ハワイ大学卒業後、同大学日本文化研究所を経て来日し、翻訳業に当たっているとのことでした。

当局は、この会議をうけて最終判断を出すために、東京布教センターに依頼し、昭和六十年(1985)九月十九日、上記フィルバート・斧氏を、東京布教センターに招き、懇談するとともに、本部来光を促すことにしたのでした。

九月二十六日、教庁五階会議室において、先の会議メンバーが、フィルバート・斧氏に初めて出会い、懇談することができました。

その後、リチャード・グレンジ師は、一～二類の素訳初稿を完了したことから、十一月四日、帰米の途につきました。リチャード・グレンジ師とともに、教学研究所で英訳作業に当たっていた大矢嘉師は、十一月一日付けで、教主からご任命をうけて教務課員になり、英訳『金光教教典』出版に至るまでの事務担当を受け持ちました。英語の『金光教教典』の実現に向けて、本教は新しい一歩を具体的に踏み出すことになったのでした。

教務部長の求めをうけて十二月五日、筆者は大矢嘉師と二人で、東京布教センターに出張し、田中元雄東京布教センター次長を加えて、フィルバート・斧氏と、今後の作業の打ち合わせを行いました。その翌日、英訳『金光教教典』が公に出版される出発点ともなる、教団会での予算通過の連絡が本部教庁からもたらされ、喜びを分かち合ったことでした。

翌年の昭和六十一年（1986）三月二十五日、本部教庁五階会議室で、第一回「『金光教教典』英訳検討会」が開催されました。この会合は、今後の作業方法の確認と、リライト正式契約の準備のために、開かれたものでありました。リライト・監修担当を、当局が依頼したフィルバート・斧氏と、彼の所属する社長のブッセ・ベリルンド氏、コーディネイターとして横山洋一（凸版ＫＫ岡山営業所）氏らが同席しての会議でした。

本教側メンバーは、金光平輝、松田敬一、田中元雄、大矢嘉の各師と筆者の五名に、オブザーバーとして、当時、海外研修生として教学研究所で研修中であったヘンリー・岡崎（フレスノ教会）と、ジェーン・めぐみ・吉田（当時トロント教会在籍、橋本バンクーバー教会長夫人）両師が同席しました。

ちなみに、横山洋一氏は、昭和五十八年公刊の新『金光教教典』の編集印刷過程で、たびたび来光、教学研究所内典籍編修室で、何かと細部にわたる注文を聞きうけ、印刷に向け努力して下さった方であります。

それ以降、年間四~五回の割で、「『金光教教典』英訳検討会」が開かれ、次々と素訳した原稿がリライトされ、検討に付されていきました。フィルバート・斧氏は、素訳の原本に当たる日本語の新『金光教教典』を熟読し、原文の意味を把握した上で、素訳された文章を改訳していくという、いたって心を込めた丁寧な作業を続けて下さいました。なお、彼は東京が主たる仕事のホームグラウンドなので、東京でのリライトの作業は、田中元雄東京センター次長が相談役となり、アドバイスをうけながら進められました。

このようにして、フィルバート・斧氏から提出されたリライト原稿について、主として大矢嘉師が問題点を取りまとめ、「英訳検討会」に提出、教義上の問題、訳語選択の問題など、多岐にわたって論議していきました。「御理解集」一類の検討に入ることになった昭和六十二年（1987）三月から、検討会には上記五名の他安田忠雄（大崎教会在籍、後金光教国際センター嘱託）氏が加わることになりました。

検討会でどのような論議があったか、詳細に記すのはお許し頂いて、ここでは、二、三、例を挙げておくに止めさせてもらいましょう。

金光大神さまの生きられた、徳川末期から明治初期の歴史的背景、風俗習慣などに関わる言葉や句などについても論議されましたが、教義解釈に関する論議が、かなりの部分を占めていました。また、些細なことではありますが、次のような問題も翻訳に際しては、無視できないことでありました。

「お祓をあげなくてもよい」（理Ⅱ・河虎7）という文をとってみると、「お祓」を大祓詞という固有名詞で理解するか、祈念の詞という普通名詞で考えるかによって、訳語が異なってきます。また別の例で、「金神が信心のあるうちは防いでやる」（理Ⅰ・市光2-20）の「うち」は、原資料では「家」となっているが、現代表記では「家」を「うち」とは読まないので、教典の表記では、「うち」と表記しています。そこで、原資料を知らないと、「信心のある家」と訳さねばならないところを、「信心のある間は」と読み、訳出してしまうことになります。このような、いわば些細なことについての確認をしないと、誤訳にも繋《つな》がってしまうので、些細なといえば些細なことまで、しばしば検討会で論議、確認を行なっていきました。――検討会で問題になったその他の点については、「金光新聞」昭和六十二年（1987）十月十一日号から三回連載のフィルバート・斧氏、田中師の対談記事にも、かなり詳しく掲載されていますので、興味のある方は、参照してみて下さい――

「金光大神御理解集」一～二類、及び、「覚書」の三書の素訳の検討が順次進んでいる段階で、一部分を除いて、未だ手を付けていなかった「御理解集」三類の翻訳について、次第に考えねばならなくなってきました。教学研究所では、リチャード・グレンジ師などの英語を母国語とする人たちが不在の状況では、作業手だてをもたなかったのでした。

そこで、当時の川上功績教務部長の依頼をうけて、平成二年（1990）一月二十八日、田中東京布教センター次長が、フィルバート・斧氏と面談し、三類の翻訳について、可能かどうか、その意向を伺うこととなったのです。

フィルバート・斧氏の返答は、次のような否定的なことであった、と報告されました。「素訳されたものをベースにしてきたとはいえ、リライトにかなりな時間と精力をかけてきた。そのような状況であるので、翻訳から始めるという余裕はない。リチャード・グレンジ師など、北米の信奉者を日本に呼び寄せ、素訳してもらえば、最終チェックか、アシスタントという立場で協力できる」ということでした。筆者は、当然のことであろう、と返事・報告を聞いて思うとともに、教学研究所で何とかできないであろうか、と所長として思案したこととしきりでありました。こうなれば、新婚生活を始めたばかりの、リチャード・グレンジ師を呼び寄せるしかない、と決心しました。

当局は、リチャード・グレンジ師夫妻の再来日を検討し、夫人の職場を金光学園に用意することとして、彼に『金光教教典』三類の英訳のため、来日するよう督促したのでした。それとともに、教学研究所にも協力要請があり、筆者は所長として、その要請をうけ、策を練ったのでした。さっそく、教学研究所の嘱託、高橋一邦師が作成していた現代語訳『お道案内』を、当時、教務課員として本部教庁にいた大矢嘉師に提供し、その翻訳を教学研究所職員協力の許に手がけることとし、「御理解集」三類の素訳を開始してもらいました。

ありがたいことに、リチャード・グレンジ師は、本部当局の要請を受諾し、平成二年（1990）八月九日、夫婦で再来日しました。来日早々、教学研究所において、職員の手助けの下、彼は「御理解集」三類に含まれている「お道案内」の素訳にかかるとともに、「尋求教語録」、「御理解集」、「御理解拾遺」、「教祖御理解」など、すでに、マコト・露木氏によって研究資料『金光大神言行録』から訳出されていたものを選び出すとともに、まだ訳されていない条項を訳す作業を進めました。

未だ訳されていない「内伝」は、リチャード・グレンジ師が、大矢嘉師と共同で翻訳を開始することになりました。筆者が傍らで翻訳の手助けをし、その作業は年末までに終えることができました。

「神誡」、「神訓」、「金光大神御理解」などは、既述したとおり、既に英訳出版されている旧『金光教教典』に収められており、それらを基にしてリチャード・グレンジ師、大矢嘉師によって改訳され、フィルバート・斧氏によるリライトが可能となりました。これまでの長期にわたる、一、二類の翻訳努力の積み重ねが、「内伝」に至るまでの三類の訳出作業を、思いの外、スムーズに進めることができたのでした。このようにしてできあがった三類の素訳原稿は、平成二年（1990）九月から二年間、「英訳検討会」にかけられて、順次、フィルバート・斧氏の監修・

リライトに委ねられていったのでした。

三類の「英訳検討会」のメンバーには、筆者の外、宮崎政純（筑前深江）、金光平輝、松田敬一、田中元雄（東京センター）、安田忠雄（大崎）、リチャード・グレンジ、大矢嘉の各師が常時、また作業状況によって大林誠（出石）、湯川正夫（玉水）、菊川信生（江田）、リチャード・リー・デユセック（合楽）、三宅道人（常盤台）、山根清志（大牟田）、松本光明（浦和）の各師など多くの人々が加わり、論議を重ねて完了し、監修者の許へ届けられたのでした。

六．「金光大神御覚書」と「お知らせ事覚帳」の英訳

新『金光教教典』の冒頭の書である『覚書』が、『金光大神覚』として単独に公刊されたのは、昭和四十七年（1972）、市川内局の時でありました。マコト・露木氏が来日し、教学研究所の研究生となったのは、単独刊行された翌年のことで

した。

既述してきたように、研究資料『金光大神言行録』の翻訳に、教学研究所で取り組み、その成果を提出した後、つまり来日二年後、昭和四十九年（1974）四月から一ヵ年、彼は日本語をさらに学ぶため、早稲田大学語学研究所に入学しました。東京滞在中、畑愷（1925～2005　当時日本橋教会長）師のアドバイスをうけながら、刊行された『金光大神覚』を英訳することができたのでした。

素訳を一通り終えた後、マコト・露木氏は、昭和五十年（1975）四月中旬から、教学研究所において、素訳の改訂作業に入りました。その時、主としてその作業を指導したのは、金光大神研究の権威、瀬戸美喜雄部長でした。チェック完了後、マコト・露木氏は、英訳文を教学研究所に提出することができたのでした。その提出書類には、教学研究所職員たちの協力を得て、教祖関係・ご理解伝承者などの写真集、『金光大神御覚書』、研究資料『金光大神言行録』関係の地図、人物系図など、英文で作成したものが付されました。これらは、後に英訳『金光教教典』

に付された地図・系図などの参考資料となりました。

さて、このマコト・露木氏による英訳『覚書』は、しばらくの間、海外研修生の教祖研究の研修テキストとして、教学研究所で用いられていました。

『金光教教典』英訳のことが進められていく中で、昭和六十一年(1986)三月五日から、教学研究所で研修をうけていたジェーン・吉田氏が、教務課員であった大矢嘉の協力を得て、露木訳『覚書』を、新『金光教教典』掲載の『覚書』に基づくよう改訂し、「英訳『金光教教典』検討会」に提出されました。そうして昭和六十三年(1988)、監修者のリライトに委ねられました。

フィルバート・斧氏は、東京で田中元雄東京センター次長との共同作業に加え、幾度か金光を訪れ、「英訳検討会」にも参加し、また、教学研究所で日本語原本の『覚書』理解のため、研究者たちとの接触をもしばしば行ないながら、英訳『覚書』の監修を終えたのでした。

第二の書『覚帳』の英訳を最初に手がけたのは、一章で述べたように、アルフレッド・大久・露木師でした。彼は筆者が学院入学した年の昭和三十四年（1959）にロスアンゼルスの高校卒業後、金光教学院に一時、体験入学し、その後、昭和三十七年（1962）金光教教師として、ご任命を頂いておりました。実弟マコト・露木氏の帰米後、彼は教学研究所研究生期間を経て、教学研究所嘱託として、昭和五十一年（1976）十二月一日から、昭和五十四年（1979）六月まで勤務し、十数編の紀要論文を英訳したのでした。

さて、前述の通り、金光大神直筆の『覚帳』原典は、当局が、昭和五十一年（1976）に教学研究所に解読を委託し、一年後、一応の解読を完了、教学研究所は中間報告を、当局に提出したのでした。その前後から、筆者はアルフレッド・大久・露木を促し、『覚書』に記述されていない、明治十年あたりの『覚帳』の文章から、英訳を開始したのでした。原文の日本語解読もいまだ十分でない時期での英訳作業であったので、単語を英語に変えただけの部分、筆者にとっても文意が分からず疑問符を付した箇所、さらに言葉の読みをローマ字にしただけの部分も多々ありましたが、アルフレッド・大久・露木師の帰米の寸前、昭和五十四年（1979）五月十九日に、アルフレッド・大久・露木師は、タイプ打ちを完了、英語素訳『覚帳』は教学研究所に提出されたのでした。

この素訳を基に、平成二年（1990）十一月五日より、リチャード・グレンジ師と筆者が、教学研究所において、公刊された新『金光教教典』に掲載の文書に準拠して、全文の改訳を行い、同年十二月二十六日、改訳作業は完了しました。教学研究所は改訳された英文『覚帳』を、平成三年（1991）一月二十三日付けで、津田教監宛に提出しました。リチャード夫妻は、述べてきたように、英訳の大切な基礎的作業を終えて、二月一日帰米の途についたのでした。

当局に提出された『覚帳』の素稿を大矢嘉師、ジェーン・吉田氏が再チェックし、検討へ向けて整えていったのでした。「英訳検討会」を経て、英訳『覚帳』の出版に向けてのチェック作業はその後、平成四年（1992）七月に設置されたばかりの国際センターに移されました。ハワイから来て、本部研修生となったトッド・

橋師が加わって、幾度かの国際センター内での検討会を経て、監修者、フィルバート・斧氏の手に委ねられたのでした。国際センターで英訳検討に当たったのは、トッド・高橋師の他、次長の田中元雄師、所員林（寺本）公子氏、三宅道人師、野方和一師、嘱託安田忠雄氏、東京センターの松本光明師などと、筆者でした。野方所員が、訳文最終校正を終えた後、人物誌の作成や注釈についての細部の作業を担当しました。

平成七年（1995）九月二十八日、フィルバート・斧氏を国際センターに迎えて、最終検討を終わり、『覚帳』の英訳の草稿は、フィルバート・斧氏のリライトに委ねられたのでした。それ以後、フィルバート・斧氏の『覚帳』本文の再チェックがなされ、また彼の精力的な作業によって注釈、人物誌などが付加され、平成八年（1996）一月三十日に、国際センターの立場での全原稿の最終確認を終え、フィルバート・斧氏の再度の英文確認の後、ついに二月中旬、印刷に付されました。

一九七〇年代初頭から、約二十年あまりをかけて、本教教義の所依である新『金光教教典』を英語に訳す努力がなされ、英訳本が五分冊に別けて出版されたことは、「世界人類の金光教を創出する」願い実現のための、具体的で、しかも基礎的な準備作業をひとまず終えることができたということでしょう。

現在まで、順次出版してきたところから、日本語『金光教教典』と異なり、五分冊に別かれているということは、今後、『金光教教典』として一冊にまとめねばならない、という課題を残しています。一冊にとりまとめるということは、単に五冊を一冊に合本する、ということではありません。それなら、簡単なことでしょう。

本教教義の所依としての体裁を整えるということですが、そのためには、五分冊、全文を通して、訳語の揺れを修正したりしなければなりませんし、何よりも、日本文の誤った解釈による誤訳がないか、再度、慎重な検討も必要でしょう。今後、早い時期にそうした作業が、国内国外の知恵と情熱を集めて開始され、この三章の冒頭で記したように、「人類の文化遺産」として、あまたの言語世界に譲り渡される『金光教教典』への道が開かれていくことを、祈るばかりです。

あとがき

『金光教教典』物語の名の下に、新『金光教教典』が刊行されるまでの歴史に、筆者がどのように組み込まれ、命が紡がれてきたか、戦争との関わりなど交えつつ、一章を構成してきました。二章では、新『金光教教典』が出版されてからの、教義上の重要課題について、触れさせてもらいました。一章、二章通じて少々、挿入させてもらった事柄が多く、横道へしばしば読者を誘い入れ、戸惑われたか、と心配しています。いずれの挿入も、筆者にとって無視できない、忘れがたいものであったので、記させてもらいました。

金光教学院の講義では、教義の重要課題をご理解頂くよう、学院生に聞いて頂きたいばかりに、単調な話になるのを避け、脇道、横道などにお誘いすること多々であった、と思います。課題中心に録音テープを起こして下さった、用吉教会長の相賀正実先生にはご苦労おかけしたことと、察します。紙上をもって御礼申し上げます。

三章は、『金光教教典』を世界へ、という願いの第一歩としての英訳のことを記しました。その叙述については、歴史的な経緯や携わられた人々のお名前などを、本シリーズとしては、少々詳しく記し過ぎたとも思いますが、『金光教教典』の英訳という大仕事に携わった、多くの人々の名と業績を後世に残し、次代を担う人々の何らかの参考に、と願ってのことで、お許し頂きたい、と存じます。

余談として、新『金光教教典』は、旧『金光教教典』の書名を踏襲しています。筆者は、編修の最終段階で、「教」という字を一つにして、その名を『金光教典』にして頂きたい、と提案しました。その心は、この書は金光教という一教団の教典に留まらないことを顕すため、という思いからでした。安田好三教監が、教祖百年祭が近い。そのためには、金光教教規の条文を変えねばならないので、もうそのように変更する時間がない、とその提案を却下されたことがありました。

本書の中心テーマは、『金光教教典』に関わることどもですが、戦争のことも筆者として意識したことでした。私たちは「神国の人」として二度と生まれてはならず、「神と皇上との大恩」など、二度と押し付けられることのない時代、金光大神の説かれたことを、包み隠さず、曲げず、汚さず、世に布き続けられる時代が、続くことを祈らずにはおられません。

最後に筆者の母、嘉都子から聞かされた、曽祖父に関わる話を付しておきます。曽祖父の夫人、照が孫の嘉都子に、戦時中それとなく語りかけたことなのです。

特に、大日本帝国が日中戦争へと突入して以来、曽祖父は、教団として天皇のご恩に報い、国家のお役に立つのに、何をしたらよいか、本当に身命をかけて考えていたようです。第二次大戦の時、教団として戦闘機を軍に献納したことを知った時には、どれだけ嬉しかったことでしょうか。

戦争、戦争と煽る夫に対し、照夫人は、批判的な考えをもっていたようで、その思いを孫である筆者の母に、「あんたの爺さんは、戦争、戦争といかにもええ(よい)ことのように言うたりしているが、どんな理由《わけ》があるかわからんが、戦争はようねえこと（よくないこと）なんでぇ」と、漏らしたことがあったそうです。

＊＊＊＊

自身の記憶に加えて、手元にある日記や過去の資料など参照し、手繰りながら、執筆してきましたが、記録違い、記憶違いがありましたら、ご指摘頂きますようお願いいいたします。

本書執筆に当たり、相賀正実先生、友野印刷の岩尾真二氏には、いろいろご配慮頂き、紙上をもって、厚く御礼申し上げます。

著者略歴

福嶋　義次（ふくしま　よしつぐ）

昭和九年　岡山県浅口市金光町で生まれる。
昭和三四年　金光教学院入学
昭和五六年　金光教教学研究所所長拝命
平成五年　金光教国際センター所長拝命
平成一二年　金光教ハワイセンター長拝命
平成一四年　金光教北堀教会教会長拝命
金光教全国学生会OB会相談役

著書・論文
金光教の教義　一九八二
教祖様のご縁につながって―教会長信行会記録　上　一九八二
天地　世界をつつむ―金光大神の大いなる信仰世界　一九九一
二十一世紀のお広前　一九九三
命の思想　命の信仰　二〇〇五
北堀広前の素顔―金光教北堀教会設立百周年記念誌　二〇一一

「みち」シリーズ⑪
『金光教教典』物語
令和元年十二月八日
著者　福嶋義次
編集　金光教全国学生会OB会
発行所　ふくろう出版
印刷　友野印刷株式会社

ISBN978-4-86186-775-0©0014 Printed in Japan